ÉTUDE

SUR

BERNARD PALISSY

SA VIE ET SES TRAVAUX

Précédée de quelques Recherches sur l'Art Céramique

PAR

JULES SALLES

DEUXIÈME ÉDITION

NIMES

LIBRAIRIE DE B.-R. GARVE, ÉDITEUR,
7, Boulevart de la Comédie.

PARIS

GRASSART, 3, rue de la Paix. | CH. MEYRUEIS ET Cie, 2, rue Tronchet. | J. CHERBULIEZ, 10, rue de la Monnaie.

1856

ÉTUDE

SUR

BERNARD PALISSY

SA VIE ET SES TRAVAUX

Précédée de quelques Recherches sur l'Art Céramique

PAR

JULES SALLES

DEUXIÈME ÉDITION

NIMES
LIBRAIRIE DE B.-R. GARVE, ÉDITEUR,
7, Boulevart de la Comédie.

PARIS

GRASSART, 3, rue de la Paix. | CH. MEYRUEIS ET Cie, 2, rue Tronchet. | J. CHERBULIEZ, 10, rue de la Monnaie.

1856

Nimes, Imp. BALDY et ROGER,
rue Sainte-Ursule, 1.

ÉTUDE

SUR

BERNARD PALISSY

PREMIÈRE PARTIE

LA CÉRAMIQUE

I

Introduction

Tandis qu'un monarque chevaleresque, doué d'un génie qui l'entraînait vers les lettres et les arts, s'empressait d'attirer autour de lui les artistes étrangers, tels que Léonard de Vinci, Primatice, André del Sarto, Benvenuto Cellini, la France possédait, dans le fond d'une province, un homme étrange qui devait, à la lueur d'un génie singulier, sortir un jour du sein de l'obscurité où la fortune l'avait placé, et briller même au milieu des grandes figures du XVIe siècle.

Cet homme était Bernard Palissy.

Négligé longtemps, parce que, faute de le bien connaître, on le reléguait à tort parmi les talents de second ordre, il s'est élevé à l'un des rangs les plus éminents de notre histoire intellectuelle, depuis que l'on a apprécié, à leur juste valeur, le mérite de ses inventions industrielles, et surtout de ses spéculations scientifiques. Né dans la position la plus humble, il n'a dû qu'à de longs et pénibles travaux, à la persistance la plus continue dans ses recherches, et à l'observation incessante des phénomènes de la nature, la place où son génie l'a fait arriver, et il a montré ce que peut produire une volonté énergique, alors même qu'elle est dénuée de tout secours.

Comme artiste, il retrouve un art complètement perdu avant lui et qui consiste à revêtir les poteries communes de ces brillants émaux qui portent encore le nom de l'inventeur ; travailleur infatigable, il lutte contre la plus poignante misère pour atteindre le but désiré, et mérite bien d'être appelé un des héros de l'industrie; philosophe profond, naturaliste savant, écrivain distingué, il note avec soin toutes ses observations dans une suite de traités écrits avec autant d'originalité que de talent; chacun d'eux contient, avec le germe d'idées encore inconnues, tout un système nouveau où l'analyse et l'examen des causes naturelles remplace la scolastique et toute la pesante dogmatique inventée par Aristote, soutenue plus tard par Thomas d'Aquin. Enfin, comme chrétien, il nous donne le spectacle d'une vie pure et sans tache où tout ce qu'il entreprend est entrepris en vue de la gloire de Dieu : c'est *Lui* qu'il cherche sans cesse au milieu de ses contemplations solitaires de la nature, c'est *Lui* qu'il trouve dans l'Evangile dont il fait sa lecture de tous les jours, et quand la persécution vient fondre sur sa tête, il demeure calme, inébranlable dans ses convictions religieuses, et prêt à marcher au martyre plutôt que de renoncer à sa foi.

Tel est l'homme que nous étudierons comme artiste, comme écrivain, comme chrétien, et qui, sous ces trois rapports, résume en lui une des gloires les plus pures de la Renaissance.

Mais avant de commencer cette étude sur la vie de Palissy, qu'il nous soit permis de jeter un coup d'œil rétrospectif sur son art, afin de mieux comprendre l'importance de ses travaux.

II

Origine de l'art céramique.

L'art de modeler l'argile, d'en faire une pâte susceptible de prendre des formes appropriées à nos besoins, de la mouler, de la durcir par la cuisson, produit des vases et des ustensiles d'autant plus précieux, d'autant plus élégants, que le travail en a été plus soigné, et que dans leur composition l'artisan a employé des matières plus pures.

Tous ces travaux pourraient être agglomérés sous le nom général d'*art céramique*, puisque leur fabrication repose sur des principes généraux communs à tous ces produits, quel que soit le degré de perfection de chaque produit en particulier, et le prix qu'il ait dans le commerce. Ainsi, les briques, la faïence, les grès artificiels, les poteries communes et fines, et jusqu'à l'élégante et riche porcelaine, ne sont en réalité que des terres cuites. Quelques faibles proportions d'oxides métalliques font toute la différence entre la brique à bâtir, le vase grossier dans lequel le pauvre prépare ses aliments, et les œuvres merveilleuses de la manufacture de Sèvres.

Pour examiner la céramique dans sa partie la plus élémentaire, occupons-nous d'abord de la fabrication des briques, qui forment le premier degré de l'échelle dans l'art du potier et dont l'invention remonte aux premiers âges historiques.

La Providence a voulu sans doute que l'homme trouvât toute préparée la matière de l'un des arts les plus indispensables, celui qui devait conduire à tant d'autres. Cette matière est l'*argile*, dont les éléments combinés acquièrent des propriétés nouvelles par l'action de la chaleur; en outre, la qualité qui réunit les conditions les plus favorables à la fabrication, semble avoir été placée dans les pays où manque la pierre.

Les briques n'étaient, dans le principe, que des masses d'argiles grossièrement façonnées. Le temps apprit à les mouler et à y mêler de la paille hachée pour en augmenter la consistance. Exposées pendant plusieurs années à l'air, elles acquéraient de la solidité et pouvaient défier les siècles, témoin les ruines de Babylone, où l'on trouve des briques recouvertes d'un émail qui indique un très-haut degré de perfection, et par conséquent une origine déjà très-ancienne de l'art du briquetier. La fameuse tour de Babel n'était, d'après Moïse, qu'une montagne de briques crues reliées par un mortier de terre et de bitume. Diodore de Sicile parle aussi d'un stade immense construit par l'ordre de Sémiramis, dont les murs étaient en briques cuites, ornés de bas-reliefs représentant toutes sortes d'animaux avec leurs couleurs naturelles.

En Egypte, quelques rois firent construire leurs pyramides en terre cuite, craignant qu'elles ne fussent ruinées par le feu, si elles eussent été de pierre.

Chez les Grecs, les temples d'Hercule et de Jupiter à Athènes, le péristyle du temple d'Epidaure, les murs de Mantinée et d'Eione en Thrace, le palais de Crésus à Sardes et bien d'autres édifices, furent bâtis en briques. Ce mode de construction s'est même conservé jusqu'à nos jours à Bagdad et dans presque toute l'Asie, où les maisons bâties en briques crues sont protégées contre l'action dégradante des eaux pluviales par un enduit d'argile ou de chaux et de plâtre mélangés.

Il semble qu'il y eut, après la destruction de la civilisation assyrienne, une grande lacune dans l'emploi des briques. On ne les retrouve, chez les Romains, que sous les Empereurs, et le panthéon d'Agrippa est peut-être le plus ancien édifice de ce genre. Cette nation, qui inventait peu, mais qui savait tirer un parti admirable des découvertes qu'elle rencontrait parmi ses tributaires, n'apprit probablement que par ses campagnes en Asie, toutes les ressources de l'art du briquetier. Ainsi, on la voit adopter le mode de construction des Babyloniens, quand elle élève ces gigantesques murailles que l'effort du temps n'a pu ruiner : les Romains employaient pour cela des briques qui ont la forme de triangles rectangles, présentant l'hypothénuse à l'extérieur et l'angle droit à l'intérieur, et reliées entre elles par de grandes briques carrées, placées de quatre en quatre pieds, et formant toute l'épaisseur du mur. Hérodote appelle ce genre de maçonnerie *aimasia*, mot qui désigne sa couleur rouge (αιμα, sang.)

Dans les temps modernes, on a fait aussi de grands ouvrages en briques : telle est l'immense muraille sur laquelle est assise la coupole de St-Pierre de Rome, et qui a 14 palmes d'épaisseur, suivant Winkelmann ; tel est le mur colossal que Pie VI a élevé pour soutenir le Colysée et le préserver d'une ruine complète. En général, les Romains savaient donner toutes sortes de formes aux briques, suivant l'usage auquel ils les destinaient, cintres, voussures, noyaux de colonnes, ornements d'architecture; ils les appropriaient à tout et les faisaient servir même au pavage des rues, comme on le voit à Sienne, dont la grande place circulaire est pavée avec des briques posées de champ, et formant entre elles un certain angle qui a fait donner à cet arrangement le nom de *spina pesce*, à cause de sa ressemblance avec des arêtes de poisson.

III

Les Emaux. — Les Vases étrusques.

Mais, remontons un degré de plus dans l'échelle de l'art céramique, et suivons les progrès de la poterie, depuis la première jarre d'argile ou de la première coupe de terre brute, jusqu'aux porcelaines émaillées de la Chine ou du Japon, jusqu'à ces magnifiques chefs-d'œuvre de Sèvres, dont la perfection n'a pu être égalée dans aucun autre pays du monde.

On sait peu de chose sur la forme et la matière des vases employés aux usages domestiques chez les peuples de l'antiquité; à peine nous reste-t-il de ces objets si fragiles des fragments qui puissent nous mettre sur la voie. Mais le temps a épargné quelques pièces monumentales et de pur ornement, constatant que déjà, à une époque très-reculée, l'invention de mouler la terre, de lui donner des formes déterminées et arrêtées par la cuisson, avait fait des progrès assez avancés.

Il en est de même pour les vitrifications colorées, connues sous le nom d'*émaux*. Sans avoir de mot particulier pour les désigner, les anciens en faisaient un usage assez fréquent, si on en juge par leurs pavés de mosaïque, dans lesquels les cubes ne sont pas toujours formés de pierres naturelles. On connaît quelques monuments égyptiens avec des parties émaillées, mais c'est principalement sous le Bas-Empire que l'on s'est servi d'émaux pour tracer des inscriptions ou des ornements sur des armures, des vases, des boîtes en bronze.

Les premiers progrès dans l'art céramique nous sont attestés par des coupes à boire, des aiguières, des plateaux destinés à recevoir des fruits, mais on ne voit pas encore des vases propres à faire chauffer les liquides ou cuire les aliments. Cette application n'est venue que beaucoup plus tard. Chose étrange! car il semblerait plus naturel de penser que les besoins les plus pressants ont dû être sasisfaits les premiers, et que la nécessité des vases culinaires a dû se faire sentir avant celle des objets de luxe. Cependant, nous trouvons une explication à ce fait en observant que les anciens se sont servis pour cet usage de vases en métaux, puisque l'art de forger le fer et l'airain remonte aux premiers âges du monde, ainsi que nous l'enseigne la Genèse quand elle nous parle de ce *Tubal Caïn, fils de Lemec et de Tsilla, qui fut habile à forger toute espèce d'instruments d'airain et de fer.*

La destination religieuse que les peuples de l'antiquité donnaient à leurs produits céramiques, nous en a transmis plusieurs modèles riches d'instruction. Ces précieux débris ont fourni de nombreuses notions d'un bien vif intérêt sur l'histoire, la religion, les mœurs des peuples qui avaient consacré ces vases à leurs dieux, et les avaient enfermés dans les tombeaux, gardiens les plus fidèles de tous les dépôts.

Les Etrusques sont un des peuples qui ont poussé le plus loin l'art du potier. Le caractère tout particulier qu'ils savaient donner à leur fabrication, soit par la légèreté des pâtes, soit par leurs formes aussi belles que variées, soit enfin par les gracieuses figures ou arabesques qu'ils dessinaient au pinceau sur les terres rougeâtres, tout cela a donné une grande valeur artistique à leurs produits qui, mieux que tous les autres, ont résisté à la destruction du temps et aux cataclysmes des éléments.

Frappés de la beauté de ces vases, divers peuples ont cherché le secret de la fabrication des Etrusques : de nos jours encore, on a tenté, en France, quelques essais (1), lesquels, il faut bien l'avouer, n'ont abouti qu'à une grossière imitation, facile à reconnaître par quiconque a visité les précieuses collections renfermées dans le musée du Vatican et dans celui des *Studj*, à Naples.

On sera étonné de l'importance que prit, dès son début, l'art de façonner la terre, en lisant dans les historiens qu'aussitôt après cette découverte, les vaisseaux de marbre, d'albâtre, de cassidoine et de jaspe furent mis en mépris, tandis que les noms des artistes les plus célèbres dans la céramique ont été conservés à la postérité. Ainsi, les Grecs, qui poussaient l'amour de la beauté jusqu'à l'adoration, estimaient si haut

(1) La commission scientifique qui accompagnait Bonaparte dans l'expédition d'Egypte, a fait à cet égard des tentatives peu satisfaisantes et qui n'ont aujourd'hui aucune valeur artistique.

l'art en apparence vulgaire du potier, qu'ils élevèrent des statues aux premiers pétrisseurs d'argile, et Phidias lui-même ne crut point déroger en donnant des modèles de coupes aux artisans de son époque. Ajoutons à l'appui de cette opinion, qu'un grand nombre de médailles et de monnaies béotiennes, athéniennes, etc., présentent, pour types, un *vase* sous l'invocation de la chouette, oiseau de la divinité qui présidait aux sciences.

Enfin, non-seulement il y eut des potiers célébrés par l'antiquité, mais il y eut aussi des amphores dont la mémoire nous a été conservée, dont les noms ont été consacrés par l'histoire : tels sont le *vase Prusias*, le *vase Seleucus*, et bien d'autres inscrits sur le catalogue de diverses collections.

A la chute de l'empire romain, l'art de pétrir et d'orner l'argile disparut avec tous les autres au milieu des perturbations qui transformèrent alors la face du monde. Le torrent de l'invasion balaya tout sous le flot destructeur. Insensibles à l'imposante beauté de Rome, incapables de sentir la majesté de ses monuments, ni l'idéale perfection de ses merveilleuses statues, les Barbares ne firent non plus grâce à l'humble travail des terres cuites. Satisfaits de leurs coupes grossières et de leurs vases de bois, ils regardaient au moins comme inutiles les élégants produits des potiers romains, et ils les méprisaient comme le résultat d'une civilisation qui enlève à l'homme sa sauvage liberté et sa fière indépendance.

Sous un tout autre point de vue, les arts qui avaient servi aux cultes idolâtres, furent aussi frappés de réprobation quand le Christianisme vint porter sa lumière dans le monde. Aussi devons-nous noter, dans l'histoire de la céramique, une grande lacune qui correspond à ces deux époques.

IV

La Porcelaine de Chine et les Emaux de Limoges.

—

Mais, pendant que l'Occident découvrait, perdait et s'efforçait de retrouver les secrets de la poterie, le vieil Orient était depuis longtemps en possession de cet art dont il connaissait tous les mystères. De temps immémorial, les terres cuites étaient fabriquées en Chine, au dire des écrivains de ce pays, bien que la porcelaine n'y ait fait son apparition qu'environ un siècle avant J.-C. C'est lui reconnaître, toutefois, une antiquité suffisamment respectable, surtout si l'on considère qu'elle n'a été introduite en Europe par les Portugais (1) qu'en 1518.

Certaines anecdotes peuvent faire juger de l'importance extraordinaire que les Chinois ont toujours attachée aux produits de la céramique. — Chez eux, les porcelaines de choix furent appelées pendant longtemps *impériales ;* mais bientôt ce titre vague prit un caractère plus positif. On raconte qu'un fabricant ayant adressé un placet à l'Empereur pour lui demander un modèle, le prince répondit qu'à l'avenir les porcelaines pour l'usage du palais seraient *bleues comme le ciel qu'on aperçoit après la pluie dans les nuages.* Encouragé par ce nébuleux programme qui laissait le champ libre à la fantaisie de l'artiste, il paraît que ce dernier se surpassa lui-même, car, à compter de ce moment, les porcelaines *bleu de ciel après la pluie* furent tellement recherchées, il devint si difficile dans les siècles suivants d'en trouver d'intactes, que les moindres fragments étaient conservés avec soin, comme de précieuses reliques, pour orner les bonnets de cérémonie, ou être portées en guise de collier (2). Ce fait

(1) Le mot porcelaine vient de *porcellana*, qui, en portugais, signifie *tasse*, *écuelle*.

(2) Nous avons recueilli cette anecdote dans un ouvrage tout

n'est-il pas suffisant pour justifier la passion des Chinois-Parisiens de nos jours, qui sacrifient des sommes fabuleuses pour acquérir un vase et jusques à des tessons de porcelaine tendre fabriquée au vieux Sèvres ?

Les premiers géographes arabes qui parlent de la Chine, racontent que, dans les villes de cet empire merveilleux, il n'y a aucun art plus estimé que ceux du potier de terre et du dessinateur de paysage sur la porcelaine; que les Chinois remplissent l'Inde, la Perse et l'Arabie de vases de terre transparents, d'une inimitable beauté, et que plusieurs millions d'hommes n'ont pas d'autre occupation ni d'autre gloire, depuis des époques immémoriales, que de fabriquer de la porcelaine. Nous aimons cependant à croire, pour l'honneur des Chinois, qu'une pareille assertion est un peu exagérée.

C'est sous la dynastie des Ming, qui a occupé le trône de la Chine de 1368 à 1647, que la fabrication de la porcelaine paraît avoir pris la plus grande extension et acquis les derniers perfectionnements. De cette époque, surtout, datent

récent de M. Stanislas Julien, où le savant sinologue décrit dans les plus grands détails l'histoire de la porcelaine en Chine, depuis son invention jusqu'à notre époque.

ces mille merveilles qui ornent nos dressoirs modernes, comme des objets de curiosité, et où toutes les fantaisies de l'imagination sont reproduites avec autant de goût que de talent et de patience.

Les beaux produits de la Chine sont très-difficiles à distinguer de ceux du Japon; ces derniers acquièrent leur supériorité par un vernis plus blanc, une moindre profusion d'ornements et des bleus plus éclatants. Au reste, c'est surtout aux émaux que l'on reconnaît les porcelaines qui nous viennent de ces deux pays : ainsi, par exemple, la porcelaine dite *truitée* (sans doute à cause de sa ressemblance avec les écailles de la truite) et qui passe pour la plus ancienne de la Chine, se reconnaît à son vernis gercé en mille endroits aussi bien qu'à sa pâte grise. C'est ce genre de fabrication que le comte de Lauragais parvint à imiter parfaitement vers 1766 ; on assure même que la solidité de la couverte [1] qu'il employait ne le cédait en rien à celle des Chinois. Les fabricants de porcelaine ne sauraient donc trop s'appliquer à obte-

1 On appelle *couverte* le vernis ou émail qui recouvre la pâte de la porcelaine.

nir de belles couvertes ou émaux, « puisque » de leur plus ou moins grand degré de solidité, » nous dit M. Champollion-Figeac, et de leur » application bien entendue, dépend souvent la » belle exécution des ornements et des peintures.»

Mais ce n'est qu'assez récemment, en Europe, que le progrès des arts, en ajoutant à la céramique des qualités solides et brillantes, enrichit d'objets de luxe l'ameublement des personnages marquants par leur rang ou leur richesse.

Il faut descendre jusqu'au XIIe siècle pour trouver, dans la ville de Limoges, un acte daté de 1197, qui désigne sous le nom d'*opus de Limogiâ, labor Limogiæ*, différents vases, bassins, boîtes à hostie, croix et candelabres, ornés de peintures en émail.

C'est encore aujourd'hui sous le nom *d'émaux de Limoges* que sont désignés dans *la curiosité* les flambeaux, salières, aiguières et autres objets émaillés. Les compositions peintes sur ces divers meubles sont généralement tracées en camaïeux blanc et noir, rehaussés de quelques filets d'or; les visages, les mains et les autres parties nues recevaient une légère couleur de carnation.

Pendant longtemps, la peinture en émail ne

servit qu'à embellir les objets d'un usage journalier ; mais, plus tard, les artistes français apportèrent tant de perfection dans leurs travaux, que l'on vit cette peinture s'élever au même rang que ses autres sœurs. Avons-nous besoin de parler des avantages qu'elle présente? — Il est facile de comprendre que l'action du feu, incrustant, en quelque sorte, les couleurs dans la matière première, les rend presque indestructibles : elles ne sauraient être endommagées ni par l'humidité ni par la sécheresse ; la poussière, la fumée ne peuvent non plus les altérer : on ne doit donc redouter pour elles d'autre accident que l'unique danger de voir briser les ustensiles dont elles font la principale valeur.

Combien la peinture sur stuc, sur bois et sur toile est moins privilégiée, et que de sublimes créations des Zeuxis et des Apelles auraient été conservées à notre admiration, si ces artistes avaient pu disposer de ce procédé indestructible ! Notre moderne civilisation, qui se pique de tant de choses et n'a pas su égaler l'antiquité dans les monuments et les statues, aurait sans nul doute largement à rabattre de son orgueil, si le même parallèle pouvait être établi entre les peintres anciens et leurs émules modernes.

V

La Faïence.

La faïence est encore postérieure de deux siècles aux émaux de Limoges ; elle paraît pour la première fois dans les pavés de l'Alhambra à Grenade et dans les mosquées des Maures en Espagne. C'est par l'Arabie qu'elle s'introduit en Europe, où, quelques années après, Lucca della Robbia [1], à Florence, et Orazzio Fontana [2], à Pesaro, la portèrent rapidement à un haut degré de perfection.

Les ducs de Toscane et notamment le duc Gui-

1 L'an 1400.
2 L'an 1540.

dobaldo de La Rovère, admirant ces belles productions, en favorisèrent la fabrication par toutes sortes d'encouragements. Les plus célèbres artistes s'en occupèrent à l'envi, et cette faïence, qui porta alors le nom de *majolica*, *terra invetriata*, *porcelaine d'Italie*, servit pour les présents fastueux de prince à prince, de même qu'aujourd'hui les magnifiques amphores de Sèvres, de Vienne ou de Berlin figurent dans ces cadeaux d'apparat. On cite encore dans ces contrées le nom des artistes qui ont travaillé au beau service dont le Grand-Duc fit présent à l'empereur Charles-Quint.

D'abord, cette faïence [1], travaillée par les plus célèbres maîtres, se maintint à un prix fort élevé; mais lorsqu'à la mort de Guidobaldo, les encouragements cessèrent, et qu'elle dût trouver en elle-même ses uniques ressources, il fallut la livrer à bas prix, et dès-lors, tout ce qui tenait aux arts relevés du dessin fut négligé : les nobles créations de Lucca della Robbia furent suivies des produits vulgaires de l'industrie, cet art devint un métier.

C'est alors que parut en France Bernard Pa-

1 Le mot faïence vient de *Faenza*, une des premières villes d'Italie qui fabriqua ce produit.

lissy : il eut la gloire de retrouver, après des peines et des recherches infinies, cette partie brillante de l'art du faïencier, qui, après avoir pris naissance en Italie, venait de s'y perdre complètement. Nous ne nous étendrons pas ici sur l'analyse de ses travaux et sur les magnifiques résultats qui les couronnèrent, puisque la vie entière de cet illustre artiste doit faire le sujet de la deuxième partie de cette Étude, et nous terminerons l'histoire de l'art céramique en disant quelques mots de la porcelaine d'Europe et du degré de perfection qu'elle a atteint de nos jours.

VI

La porcelaine de Saxe et d'Angleterre. La manufacture de Sèvres.

C'est seulement vers la fin du XVIIe siècle que la vraie porcelaine à pâte dure et quasi vitreuse fut fabriquée en Allemagne par le baron Boettcher. L'histoire de cette découverte, entièrement due au hasard, est assez curieuse pour trouver place dans notre notice. Boettcher, qui avait travaillé dans sa jeunesse chez un pharmacien, passa pour avoir trouvé la pierre philosophale. Accusé de se livrer aux secrets de l'alchimie, il fut forcé de s'enfuir de Berlin et de se réfugier en Saxe. L'électeur Frédéric-Auguste II, roi de Pologne, l'appela à Dresde pour lui demander s'il était vrai qu'il sût faire de l'or. Boettcher répondit que non. Mais le roi, croyant qu'il voulait cacher la vérité, le fit enfermer dans la forteresse de Konigstein, avec ordre de chercher ce grand secret. Il fallut bien se mettre à l'œuvre, et le hasard voulut qu'en combinant ensemble des terres de diverses natures pour obtenir des creusets, le prisonnier trouva la composition de la porcelaine dite *de Saxe*, laquelle n'est ni bien blanche ni bien élégante dans ses formes, mais offre en revanche une grande solidité.

Disons, en l'honneur du roi, que Boettcher fut mis à l'instant en liberté et qu'il reçut des lettres de noblesse pour avoir ouvert à son pays une source féconde de richesses.

Vers le même temps, on fabriqua en Angleterre une poterie toute différente et dont on ne pourrait guère trouver quelques produits analogues qu'en Chine : c'est la faïence à pâte fine et dure, mais non vitrifiée, connue sous le nom de *terre de pipe*. Cette porcelaine anglaise fut portée, presque du premier jet, par Wedgwood, à un degré de perfection qu'elle n'a guère dépassé depuis. Remarquable par sa légèreté, elle n'a pas eu la célébrité royale des produits de la

Chine, de Saxe et de Sèvres, mais elle a acquis cependant une valeur industrielle et commerciale qui lui a donné et qui lui conserve un caractère tout spécial.

Enfin, le roi Louis XV ayant acheté, en 1759, un édifice construit à Sèvres pour le compte des receveurs généraux, il y fonda une manufacture de porcelaine, dont les magnifiques produits sont un des plus beaux fleurons de l'industrie française.

Malgré la faveur qui s'attache encore de nos jours aux porcelaines de la Chine et du Japon, et qui, ne craignons pas de le dire, est un peu une affaire de mode, on est forcé de reconnaître que les vases de Sèvres sont supérieurs à ceux de tous les pays du monde, non-seulement par la blancheur de la pâte, mais aussi par l'éclat de l'émail, par la solidité des dorures et surtout par le bon goût qui préside aux formes et aux ornements des pièces.

Aujourd'hui, Sèvres ne fabrique plus que la porcelaine *dure*, à pâte et couverte purement terreuses. Dans le principe, au contraire, il ne sortait de ses ateliers que de la porcelaine *tendre*, autrement appelée *à fritte*. Cette dernière consistait en un mélange d'argile marneuse et de minium ; elle était sujette à s'érailler facilement par l'action des corps durs , et résistait très-peu à la brusque transition du chaud au froid. Sous bien des rapports, la porcelaine tendre est donc fort inférieure à la dure ; mais elle offre quelques avantages dont celle-ci est privée : les peintures, la dorure , les ornements de toute espèce y font un bien plus bel effet ; les couleurs s'y fondent mieux et conservent peut-être plus de vivacité. C'est cette porcelaine qui a commencé la réputation européenne de la manufacture de Sèvres, et aujourd'hui qu'il ne s'y en fait plus, les curieux et surtout les collectionneurs étrangers mettent des prix fous à ce qu'on appelle *l'ancien Sèvres*.

Mais ce que cette manufacture impériale offre incontestablement de plus curieux et de plus intéressant, ce sont deux collections très-complètes, l'une de toutes les porcelaines étrangères, l'autre de toutes les porcelaines et faïences de France, et enfin les belles plaques sur lesquelles Mme Jacotot a reproduit d'une manière impérissable les immortelles vierges de Raphaël. On peut dire que cette habile artiste résume en elle seule les qualités de tous les peintres qui l'ont précédée , et qu'elle a acquis dans son art un degré qu'on pourra bien atteindre peut-être, mais jamais surpasser. Indépendamment de ses brillantes qualités d'artiste, Mme Jacotot a encore apporté, dans les préparations matérielles, des améliorations d'autant plus importantes, que les couleurs dont on se sert maintenant n'éprouvent pas de changement au feu, tandis que plusieurs de celles autrefois employées variaient beaucoup de nuance pendant la cuisson.

Telles sont les diverses transformations qu'a subi l'art céramique depuis les temps les plus reculés jusqu'à nous. Aux argiles, aux marnes, aux ocres, bases ordinaires de la poterie des anciens et de leurs matières colorantes, les modernes ont ajouté l'emploi de plusieurs métaux et quelques substances nouvellement découvertes. La chimie modifiant tous ces corps et leurs diverses propriétés, a donné aux potiers de nos jours une multitude d'éléments et de composés inconnus à leurs devanciers. De là, les nombreuses espèces de poteries que les arts et le commerce nous fournissent en si grande abondance.

Mais laissons ces détails, toujours un peu arides, pour en venir à l'objet principal de cette Etude, à cet homme éminent qui s'est montré aussi grand par la vertu que par le travail et le génie et qui vient enfin occuper, après une justice tardive, la place qui lui était due au milieu de ses illustres contemporains de la Renaissance.

DEUXIÈME PARTIE.

BERNARD PALISSY.

I.

Premières années de Palissy.

Les premières années de Bernard Palissy sont fort obscures : on ne sait pas même avec certitude la date ni le lieu précis de sa naissance. Quant à sa famille, il n'en est question dans aucune biographie, ce qui ferait supposer que, pareil à tous les talents vraiment originaux, il fut précédé et suivi de parents obscurs et qu'il résuma en lui seul toute l'illustration de sa race[1].

Suivant Lacroix du Maine, il serait natif du diocèse d'Agen, et l'époque de sa naissance pourrait être placée de l'an 1514 à l'an 1520. L'historien d'Aubigné assignerait une date un peu antérieure, lorsqu'il dit que Palissy mourut en l'an 1589, à l'âge de 90 ans. Comme il nous a été impossible de trouver une troisième autorité pour trancher cette question chronologique, que nous regardons du reste comme peu importante pour l'étude qui nous préoccupe, nous ne pousserons pas plus loin nos investigations à cet égard. Il nous suffira de savoir que, dès son enfance, le jeune Bernard se sentit attiré par un goût prononcé vers les arts du dessin, et qu'il s'appliqua de toutes ses forces à étudier les grands modèles de son temps, Albert Durer, Raphaël et Léonard de Vinci.

Heureux l'artiste né dans un tel siècle ! au contact de maîtres si éminents, de quelle émulation ne devait-il pas être saisi, et combien il

[1] Il paraîtrait, d'après M. de St-Amans, qu'il existe encore une famille de ce nom aux environs du village de Biron, près de Montpazier, sur les limites du Périgord et de l'Agenois.

était glorieux de marcher sur les traces, sinon d'égaler le talent de semblables modèles !

Cependant, sa position pécuniaire ne permettait pas à Bernard de faire de l'art pour l'art ; il fallait subvenir aux nécessités de la vie et chercher une occupation plus rétribuée que n'est la peinture, mère ingrate qui a rarement conduit ses enfants à la fortune. La géométrie pratique lui fournit, pendant quelque temps, des moyens d'existence. Il dit lui-même qu'il était souvent appelé pour faire des figures ou des plans dans les procès, et que, lorsqu'il se trouvait en telle commission, on le payait d'une manière avantageuse. C'est en cette qualité qu'il fut employé, par les commissaires du roi, à lever la carte topographique des îles de la Saintonge et des marais salants voisins de ce pays.

Dans les loisirs que lui laissaient ces travaux, il s'occupait avec ardeur de la peinture sur émail et de la peinture sur verre, connue alors sous le nom de *vitrerie* ; il contribua, avec tant d'autres artistes éminents du XVIe siècle, à orner les ogives de nos cathédrales de ces riches vitraux où sont figurés les principaux traits de la Bible et de la vie des martyrs, et qui arrêtent et brisent les rayons du soleil, pour ne laisser pénétrer dans le sanctuaire qu'un demi-jour, une pénombre si favorable au recueillement et à la prière.

A l'aide des petites ressources qu'il avait acquises par son travail, et guidé par cet instinct irrésistible qui pousse l'homme vers l'inconnu, Palissy fit ce qu'on appellerait aujourd'hui son tour de France. Il voyagea dans chaque province, depuis Marseille et les Pyrénées jusqu'en Flandre et sur les bords du Rhin, en s'arrêtant, de préférence, dans les lieux qui pouvaient fournir matière à ses observations, soit par les monuments de l'antiquité, soit par les beautés de la nature. En contemplant le brin d'herbe qui se reflète dans le cristal limpide, la goutte de rosée dans le calice de la fleur, les poissons aux nageoires argentées, le lézard qui réchauffe son ventre au soleil, et ces mille insectes qui semblent chanter au printemps le réveil de la nature, il amassait des matériaux pour les jeter, plus tard, en capricieuses fantaisies, sur les riches émaux de ses faïences, et en composer des tableaux rustiques si gracieux, si naïfs et si riants, que la nature semble avoir été véritablement prise sur le fait.

Les voyages, tout en alimentant son désir de

s'instruire, l'augmentèrent encore; avec son horizon intellectuel, s'agrandissaient aussi le champ de ses recherches, ses vues nouvelles sur la nature. Son talent inné pour l'observation, son bon sens pratique et son jugement sûr arrivaient presque à la divination, et l'instinct du génie précoce suppléa, chez lui, à l'absence des premières études. Le besoin de se rendre compte des faits l'amena souvent à la découverte des causes premières que des études spéculatives ne révèlent pas toujours. Secouant les règles de la scolastique, auxquelles le moyen-âge avait trop longtemps obéi, il fut le premier qui osa s'en dégager, en suivant une méthode toute contraire, c'est-à-dire en notant avec soin ses observations et ses expériences, avant de tirer aucune conclusion des phénomènes naturels. Aussi, les pas qu'il a fait faire à la science sont-ils prodigieux. Fontenelle et Buffon s'étonnent que ce potier de terre ait osé défier toute l'école d'Aristote et lui tenir tête.

« C'est, disent-ils, un aussi grand physicien » que la nature seule en puisse former un; cependant son système a dormi près de cent ans, » et le nom même de l'auteur est presque mort. » Enfin, les idées de Palissy se sont réveillées

» dans l'esprit de plusieurs savants, et elles ont » fait la fortune qu'elles méritaient [1]. »

Il y aurait un curieux parallèle à établir entre Bernard Palissy et François Bacon, son contemporain. Tandis que l'humble artisan travaillait péniblement à inscrire ses observations, ignorant les théories qu'on avait adoptées avant lui et qu'on était dans l'habitude de suivre avec un scrupuleux respect, le grand philosophe anglais, secouant aussi les règles de la scolastique, écrivait que, dans l'étude des sciences, la saine raison conseillait de remonter graduellement des effets aux causes, des faits particuliers aux faits généraux. Tous les deux voulaient que la science ne se bornât plus à de vaines et stériles spéculations, mais qu'elle tendît sans cesse à augmenter le bien-être et la puissance de l'homme par des applications utiles. Certes, on ne saurait accuser Bacon d'avoir emprunté ses idées à l'ouvrier de la Saintonge, qui travaillait dans l'ombre et le silence, au fond d'une contrée si éloignée de la sienne. On serait encore moins fondé à croire que Palissy connût, même d'une manière superficielle, le système du philosophe

1 *Histoire de l'Académie des Sciences de Paris*, année 1720.

d'outre-Manche, puisque ce dernier, venu au monde une vingtaine d'années plus tard que Palissy, répandit sa méthode quand celui-ci l'avait déjà mise depuis longtemps en pratique. Disons plutôt qu'une certaine analogie dans les facultés intellectuelles les a amenés l'un et l'autre à découvrir la même route, ainsi que nous en avons quelques exemples dans l'histoire de l'humanité.

II

Les Alchimistes.

———

Au retour de ses voyages, le jeune Bernard se sentit complètement métamorphosé : parti de son pays enfant et simple artisan, il y revint homme, savant, poète, mieux que tout cela, il y rentra chrétien. Dans ses contemplations solitaires de la nature, c'est son art qu'il cherchait, c'est Dieu qu'il trouva; car le propre du génie est de toucher à tout pour arriver à l'infini où tout se tient et se complète. Il réalisa cette belle pensée du philosophe que nous citions plus haut : « Un peu de savoir rend incrédule, beaucoup de savoir rend chrétien. »

La chimie n'obéissait point encore aux règles de la science ; ses principes étaient obscurs et incertains. Il fallait toute la sagacité de Palissy pour sonder ses mystères et pénétrer dans ses secrets ; mais, faute d'école ouverte pour l'étudier, il fut obligé d'avoir recours aux alchimistes et aux apothicaires, les seuls qui l'enseignaient alors. C'est dans ces fantastiques laboratoires que sa pénétration lui dévoila les impostures des ouvriers du grand-œuvre et les inepties des pharmaciens.

Il ne faut pas oublier que la folie de vouloir tout convertir en or tournait bien des têtes dans ce temps-là. On faisait des épreuves de tout genre sur ce trop précieux métal : la médecine s'en empara et crut avoir trouvé en lui une panacée universelle qui devait non-seulement guérir les maladies les plus incurables, mais procurer peut-être un jour l'immortalité. Il n'était bruit, à cette époque, que d'un docteur allemand, nommé Paracelse, qui alliait à des connaissances très-étendues en médecine un amour immodéré pour les sciences occultes, et qui n'affichait rien moins que la prétention d'arracher à Hyppocrate et à Galien le sceptre de la médecine. L'insensé croyait avoir trouvé, avec la pierre philosophale, le secret de prolonger la vie de l'homme, ce qui ne l'empêcha pas d'aller mourir, à 48 ans, dans un asile ouvert à la misère.

Il fallait cependant un certain courage pour attaquer une épidémie d'autant plus dangereuse, qu'elle se présentait sous l'aspect le plus séduisant. Palissy ne recule point devant cette tâche: il prend en main la cause de l'humanité et dévoile les ruses de l'habile alchimiste, qui, pour tirer un parti plus lucratif de son art, employait quelques substances sémi-métalliques, quelques pyrites ou des préparations d'antimoine auxquelles il donnait le nom d'*or potable*, trompant ainsi la crédulité de certaines gens pour s'enrichir à leurs dépens [1].

« Puisque les fournaises du feu ne peuvent con-
» sommer l'or pur, écrit Palissy dans son *Traité*
» *contre l'Or potable* [2], comment serait-il possible
» que l'estomac d'un malade affaibli au point
» qu'il ne saurait digérer une pomme cuite, le

1 Il faut reconnaitre cependant que Paracelse fut un des premiers qui cherchèrent à appliquer la chimie à la médecine: on lui doit aussi la manière d'employer l'opium.

2 Dans cette citation, comme dans toutes celles que nous ferons plus tard, nous avons cru devoir transporter dans le français moderne quelques mots et quelques tournures de phrases du XVIe siècle, pour en rendre la lecture plus facile.

» consommât ? Je sais bien qu'il est un nombre » infini de médecins qui font bouillir des pièces » d'or dans le ventre d'un chapon et qui en font » ensuite boire le bouillon aux malades, préten- » dant qu'il a retenu quelque substance du pré- » cieux métal ; mais si vous aviez pesé ces pièces » d'or après les avoir bouillies, vous leur auriez » trouvé le même poids qu'avant. » Quelquefois une veine de gaîté vient animer les raisonnements du philosophe : « Si je voulais dire que l'or ne » fût restauratif, j'aurais bien menti ; car, par » l'or, on a volailles, chapons, perdrix, cailles, » faisans et toutes choses qui sont bonnes pour » restaurer l'homme. J'aimerais mieux, si j'étais » malade, avoir perdu un écu que d'en avoir » mangé un autre, en quelque sauce que le mé- » decin me le sût mettre; car il ne sert dans l'es- » tomac que d'empêche ; tandis que si je l'avais en » ma bourse, il ne me saurait empêcher : ainsi » en est-il des pierreries que les médecins ordon- » nent à manger aux malades pour restaurer et » conforter le cœur. »

Il ne faudrait pas conclure de ces boutades contre les empiriques du XVIe siècle, que Palissy méconnût les bienfaits de l'art de guérir : il avait trop étudié les sciences naturelles pour ne pas

admettre les ressources qu'elles possèdent contre la série des maux qui affligent l'espèce humaine. Ce qu'il attaque avec une verve toute rabelaisienne, ce sont les abus des médecins ; ce qu'il cherche à dévoiler, ce sont les honteux trafics dont certains d'entre eux ne craignaient pas de se rendre coupables, et il est rare qu'il laisse échapper l'occasion de leur lancer quelque épigramme. Ainsi, en parlant des eaux de puits et pour prouver combien il était facile de les dénaturer, il raconte qu'un médecin destitué d'argent et de pratiques s'avisa « de jeter quelques dro-
» gues dans les puits de la ville qu'il habitait,
» ce qui fut cause que tous ceux qui buvaient
» de l'eau étaient pris de flux de ventre qui les
» tourmentaient à merveille et les faisaient cou-
» rir après le médecin, lequel étant joyeux de
» l'opération de ladite médecine, consolait hardi-
» ment les malades, et, feignant leur bailler des
» remèdes bien chers, il leur baillait du bon vin
» à boire, leur défendant de goûter à l'eau ; et
» par tel moyen, la malice de l'eau s'en allait,
» et la nourriture du vin demeurait, et le mé-
» decin gagnait beaucoup. »

Si Palissy est allé quelquefois un peu loin dans ses attaques contre les médecins empiriques, qu'il avait vus de près ; s'il est tombé dans quelques erreurs, comme celle de croire qu'on ne pouvait espérer aucun secours de l'or par son contact avec nos organes, qu'il n'y avait point de maladies incurables, parce que Dieu ayant créé les maux a fait aussi les remèdes pour les guérir, remèdes qu'on ne sait pas trouver, mais qui existent réellement ; s'il a mis la science du pharmacien bien au-dessus de celle du médecin, en disant que le premier était souvent obligé de corriger les ordonnances de l'autre..... nous ne lui en voudrons pas trop, en pensant à toutes les idées erronées qui étaient accréditées avant lui et qu'il ne pouvait détruire à lui seul. Si la vérité est une dans son essence, les routes par lesquelles on y arrive sont divisées à l'infini, et il est déjà glorieux d'en indiquer quelques-unes. Ainsi, nous ne craindrons pas de répéter que Palissy ouvrit une ère nouvelle à la science, en la mettant sur la voie de l'expérimentation, et surtout en renversant une foule d'obstacles, en combattant une multitude d'abus qui arrêtaient ses progrès. Combien le patient investigateur serait heureux aujourd'hui, s'il lui était permis de voir ses idées appliquées, la médecine débarrassée des formules fantastiques, et guidée par les lumières de l'expérience ; les docteurs du dix-neuvième siècle, adonnés aux études qu'il préconisait, soumis aux examens qu'il réclamait pour eux, et puisant dans l'étude des faits, dans l'analyse raisonnée des diverses forces agissantes chez l'homme, les moyens de le guérir.

On comprendra que cet intrépide pourfendeur d'abus ne pouvait partager les illusions des faiseurs d'or : aussi, Voltaire est-il tombé dans une grande erreur en disant que Palissy crut avoir trouvé la pierre philosophale. Le passage suivant de son traité sur les *métaux* et l'*alchimie* n'est-il pas une preuve du contraire ? « Je sais, » dit-il, qu'il est des personnes qui étudient cette » science sans fraude ni malice, mais parce » qu'ils croient la chose possible ; d'autres, dé» sirant être riches, se sont enveloppés en plu» sieurs douleurs : ils voudraient savoir faire de » l'or et de l'argent, afin de vivre à leur aise et » de se faire grands à peu de labeurs; *et ils » oublient que tous les métaux sont des œuvres » divines, et que c'est entreprendre contre la » gloire de Dieu, que de vouloir usurper sur ce » qui est de son ressort.* »

Nous nous trompons, Palissy avait trouvé un

moyen de produire de l'or, mais son secret était celui que le bon Lafontaine enseignait, plus tard, dans la fable du *Laboureur et ses Enfants*.

Travaillez, prenez de la peine,
C'est le fonds qui manque le moins,

a dit le fabuliste. Palissy écrivait, un siècle avant lui : « Mon creuset, c'est la terre; il me semble » qu'il n'y a trésor au monde si précieux que » les petits rejetons des arbres. Je les ai en plus » grande estime que les mines d'argent, et je » suis étonné de la grande ignorance des hommes » qui ne s'étudient aujourd'hui qu'à rompre, » couper et déchirer les belles forêts que leurs » ancêtres avaient si précieusement gardées. »

Anticipant sur le sage Sully, qui osa préconiser l'agriculture au milieu du mépris des courtisans, Palissy exalte les bienfaits qu'on peut en retirer et vante les charmes de la vie champêtre, tout en regrettant que les grands aient si peu de zèle pour les soins de leurs domaines, tandis qu'ils montrent tant d'ardeur pour acquérir des vanités et des titres. Il se lamente sur les destructions opérées dans les forêts, et trouve fort étrange que plusieurs seigneurs négligent de semer quelques parties de leurs terres de chênes, châtaigniers ou noyers, qui seraient un grand bien pour l'Etat, et leur fournirait un revenu considérable, presque sans travail. — « Je loue » grandement, dit-il, un duc italien, lequel, » après que sa femme fut accouchée d'une fille, » philosophant en soi-même que le bois était un » revenu qui venait en dormant, commanda à ses » serviteurs de planter en ses terres le nombre » de 100 mille pieds d'arbres, disant ainsi que » les arbres pourraient valoir chacun 20 sols » avant que sa fille fût prête à marier, ce qui » ferait pour elle une dot de 100 mille livres. »

L'inventeur de tant de procédés nouveaux dans l'art céramique ne pouvait voir sans indignation la routine des laboureurs de son temps; aussi s'étonne-t-il que les hommes de toutes les nations travaillent sans relâche à faire des améliorations dans leurs divers états, tandis que les agriculteurs conservent leurs anciens outils et leurs grossiers errements : il se demande avec raison pourquoi il ne se trouvait pas quelques gens de bonne maison, possédant des capitaux et s'efforçant de faire des découvertes utiles pour le labourage, plutôt que de consumer leurs jours dans les agitations de la cour, de dévorer leur patrimoine en folles dépenses et en habits somptueux.

Pour développer ses idées sur toutes les richesses que la terre renferme, et qu'il est facile d'en faire sortir, Palissy a écrit trois traités : le premier sur la Marne, le second sur les Sels, le troisième sur l'Agriculture. Ce dernier, qui parut en 1563, est intitulé : *Recètte véritable par laquelle tous les hommes de la France pourront apprendre à multiplier et à augmenter leurs trésors.*

Comme c'était le premier ouvrage qu'il rendait public, il prévient les lecteurs de sa manière d'écrire, s'appuyant sur sa profession pour excuser son peu de capacité dans l'art de s'énoncer. Or, en voulant nous dévoiler lui-même la faiblesse de son style, il nous prouve que, par le fait, personne n'écrivit mieux que lui. — C'est une chose bien singulière, en effet, que de voir un artisan, sans lettres et sans culture d'esprit, s'exprimer d'une manière claire, simple, énergique, sur des matières ordinairement très-abstraites et très-compliquées, faire usage des termes les plus heureux, écrire constamment d'un ton adapté au sujet et propre à instruire tout en inspirant de l'intérêt, finir souvent par nous offrir une suite de tableaux qui caractérisent le grand peintre.

Dans ce traité sur l'agriculture, après avoir parlé fort au long des engrais et de la manière de les employer, des sels qu'on peut extraire des végétaux par la combustion ou par d'autres moyens, de la coupe des arbres, etc., etc., il se complaît dans l'idée d'un *jardin délectable*, rêve d'une imagination vive et d'un amour réel pour la vie simple et la nature. Sa création, aussi agréable que pittoresque, pouvait, à la vérité, exiger des dépenses considérables dans le principe, mais elle annonçait du moins, chez l'inventeur, un esprit fertile et original. On y retrouve non seulement les tableaux variés de ces jardins dont on fait honneur aux Anglais, mais l'on y remarque encore une multitude de détails qui manquent à ces derniers et qui tendent à en augmenter les beautés.

III

L'Art de terre.

Cependant, jusques vers l'année 1544, Palissy n'avait point encore tourné ses études vers l'art qui devait rendre son nom immortel. Le hasard, qui joue un si grand rôle dans les événements de la vie et dans les plus grandes découvertes, lui indiqua la route qu'il devait suivre, en offrant à ses yeux un vase de Faënza de la plus grande beauté. Ce vase fut, en quelque sorte, l'étincelle qui vint éclairer son génie, comme la pomme tombant de l'arbre fit travailler l'esprit de Newton, comme la vue d'un tableau de Raphaël fit s'écrier Corrège : *Anch'io son pittore*. Dès-lors, comme il le dit lui-même, il entra en dispute avec sa propre pensée; il se livra avec ardeur aux plus actives recherches sur les émaux, et n'eut ni trêve ni repos jusqu'à ce qu'il fût parvenu au but qu'il s'était proposé.

Sa commission pour lever la carte des îles de la Saintonge venait d'expirer : il avait ramassé un peu d'argent, s'était marié, et entretenait son ménage au moyen de la *vitrerie*, qui lui aurait donné de quoi vivre honorablement, s'il n'avait eu dans la tête ce grain de folie qui a toujours tourmenté l'homme de génie, en le poussant vers des horizons inconnus et souvent inaccessibles.

Tout-à-coup, nous le voyons abandonner l'état qui assurait son existence et celle de sa famille, pour prendre des tessons de terre, les couvrir de drogues, et aller tantôt chez les potiers, tantôt chez les verriers pour essayer ses émaux dans leurs fours. Presque toutes ses tentatives sont infructueuses; mais il ne se laisse point décourager facilement, le moindre succès ranime ses espérances, et, après bien des efforts, il parvient à obtenir l'émail blanc.

Voilà le premier morceau de faïence qui se soit fabriqué en France; voilà la découverte d'une chose peu importante au premier aspect, mais qui va fournir une nouvelle source de richesses au commerce, et métamorphoser les ustensiles dont nous nous servons journellement dans notre intérieur domestique.

Toutefois, bien que Bernard eût pris tant de peine pour arriver à ce résultat, le hasard d'une chance heureuse y était encore pour beaucoup ; il est lui-même tout étonné de sa réussite, et cependant il en ressent une telle joie, qu'il lui semble être devenu une nouvelle créature. Ecoutez-le raconter lui-même cet épisode de sa vie d'artiste :

« C'était un premier pas, mais ma découverte » était loin d'être complète. Je me mis soudain, » après ce petit succès, à faire des vaisseaux de » terre, quoique je n'entendisse rien à ce genre » d'ouvrage, et ayant employé sept à huit mois » à ce travail, j'entrepris d'ériger un fourneau » semblable à ceux des verriers. Je le bâtis avec » un labeur indicible; car il me fallait maçonner » tout seul, détremper mon mortier, tirer l'eau » pour le détremper, et de plus, aller quérir moi- » même la brique sur mon dos, parce que je » n'avais nul moyen d'entretenir un seul homme » pour m'aider en cette affaire.

» Après divers accidents, qu'il serait trop long » de raconter, je mis mes vaisseaux dans le four-

» neau en seconde cuisson, pour faire fondre » l'émail dont je les avais couverts. Mais, bien » que je fusse six jours et six nuits devant le four» neau, sans cesser de brûler du bois par les deux » geules, il m'était impossible de le faire fondre.

» J'étais comme un homme désespéré, jusqu'à » ce que je me fusse avisé qu'il y avait peut-être » dans mon émail trop peu de la matière qui devait » faire fondre les autres. Je me mis à piler cette » matière sans cependant laisser refroidir mon » fourneau, pilant, broyant et chauffant tout à » la fois.

» Mais alors me survint un nouveau malheur. » Le bois m'ayant manqué, je fus contraint de » brûler les supports qui soutenaient les treilles » de mon jardin, et les supports étant brûlés, » il me fallut entretenir mon feu avec les tables » et le plancher de ma maison.

» J'étais en une angoisse que je ne saurais dé» crire, et il y avait plus d'un mois que ma che» mise n'avait séché sur moi. Pour toute conso» lation, on se moquait de moi. Ceux même qui » auraient dû me secourir, s'en allaient crier par » la ville que je brûlais mon plancher. Les uns » me croyaient fou, les autres prétendaient que » je cherchais à faire de la fausse monnaie, ce

» qui me faisait sécher sur pieds et parcourir les
» rues tout baissé, comme un homme honteux.
» J'étais endetté en plusieurs lieux, et je ne pou-
» vais payer l'entretien de deux enfants que
» j'avais mis en nourrice. Personne ne me secou-
» rait, mais, au contraire, les passants se mo-
» quaient de moi, en disant : Il mérite bien de
» mourir de faim, puisqu'il a délaissé son mé-
» tier.

» Comment pourrai-je faire comprendre tout
» ce que j'ai senti pendant ces longues années de
» recherches et d'incertitudes ! Ayant obtenu, un
» jour, quelques épreuves passables, je dis à
» mon âme : « Qu'est-ce qui t'attriste, puisque
» tu as trouvé ce que tu cherchais ? Travaille,
» à présent, et tu rendras honteux tes détrac-
» teurs. » Mais mon esprit répondait : « Tu n'as
» pas de quoi poursuivre ton affaire ! comment
» pourrais-tu nourrir ta famille et acheter ce dont
» elle aura besoin pendant les quatre ou cinq
» mois qui doivent s'écouler avant que tu puis-
» ses jouir de ton labeur ? » Cependant, l'espé-
» rance me donna un peu de courage ; je pris
» chez moi un potier commun, et je le chargeai
» de me faire des vases selon les modèles que je
» lui avais tracés. Misère nouvelle !! J'étais forcé

» de le nourrir en une taverne à crédit, parce
» que je n'avais plus rien en ma maison, et quand
» nous eûmes travaillé pendant six mois ensem-
» ble, je dus donner congé au potier, auquel,
» faute d'argent, je fus contraint de donner de
» mes vêtements pour salaire. »

On pourrait rapprocher ce récit, dans lequel les tribulations de l'artiste sont présentées de la manière la plus vive et la plus pittoresque, de la situation analogue où se trouva Benvenuto Cellini pendant la fonte de sa fameuse statue de Persée. La détresse du potier, arrachant le plancher de sa chambre pour attiser le feu de ses fourneaux, n'est-elle pas aussi grande que celle du sculpteur Florentin, lorsque après des veilles nombreuses, et dévoré par une fièvre ardente, s'apercevant que la matière va lui manquer pour remplir son moule, il jette dans la fournaise ardente toute sa vaisselle et ses objets d'argenterie les plus précieux ?

Mais, moins heureux que ce dernier, dont les peines furent couronnées d'un succès complet, Palissy n'obtint qu'une amère déception, alors qu'après avoir passé les nuits à la merci des orages et des frimats, dans un atelier exposé à toutes les intempéries de l'air, maigre, exténué, accablé de lassitude, il reconnut que sa fournée était entièrement perdue à cause des cailloux que l'action violente du feu avait détachés du fourneau et qui étaient venus se coller contre l'émail des vases. C'était pour lui une perte de six-vingts écus, somme énorme qui ne lui laissait en perspective que la plus cruelle misère, et plus que cela, pour le cœur sensible de l'artiste, la honte et le déshonneur !

Mais un homme comme Palissy ne devait pas se laisser rebuter par un échec semblable. Peut-être même est-on en droit de penser que, sans cette lutte héroïque contre les rudes assauts de la misère et contre les atteintes du découragement, son génie n'aurait jamais acquis tout son nerf ; et qu'ainsi, la pauvreté, les déceptions, tout en l'affligeant momentanément, ont cependant eu sur lui un effet salutaire et agi comme principe bienfaisant. L'influence du malheur sur le caractère ressemble souvent à celle de l'eau froide sur le fer rouge; le valeureux métal y frissonne, y rugit, mais il s'y trempe, et l'épreuve transforme la matière bruteen acier solide et brillant.

Abattu quelque temps par ces échecs multipliés, Bernard réagit bientôt contre son découragement. Il saute un matin de son lit en réfléchissant qu'il était du devoir d'un homme qui serait tombé dans un fossé, de tâcher de se relever. Il se remet bravement à la peinture, son premier gagne-pain, et dès qu'il a ramassé un peu d'argent, il court à ses fourneaux, comme l'avare à son coffre-fort, et se met de nouveau à la poursuite du problème qu'il avait tant à cœur de résoudre.

Mais, que de péripéties par lesquelles il devait encore passer avant d'atteindre le but ! Tantôt, quand il défaisait un fourneau pour en construire un autre, le mortier et la brique s'étant vitrifiés, il lui arrivait de se couper les doigts en tant d'endroits, qu'il lui fallait manger son potage, ayant les mains enveloppées de drapeaux ; tantôt ses émaux se trouvaient, les uns beaux et bien fondus, d'autres mal réussis, et d'autres tout brûlés, parce qu'ils étaient composés de matières fusibles à divers degrés. Le pauvre ouvrier s'instruisait cependant par ces expériences répétées : la somme de ses connaissances s'accroissait après tant de malheureux essais. Il nous apprend même combien il doit à ses travaux si peu satisfaisants dans leurs résultats, en disant : « Les fautes que j'ai faites m'ont plus » appris que non pas les choses qui se sont bien » trouvées. »

Ces tâtonnements sans nombre, ces déceptions si multipliées, faisaient travailler son esprit nuit et jour pour trouver les moyens d'obvier à toutes les contrariétés qui lui arrivaient. Ainsi, le premier accident des cailloux lui fit inventer les *fourneaux réfractaires* ; un second accident, causé par les cendres, le mit sur la voie des *gazettes* ou cylindres en terre, dans lesquels on enferme les pièces pour les cuire à l'abri.

Mais pour arriver là, que d'essais infructueux et quel dur apprentissage ! « Toutes ces fautes, » nous dit-il dans son ouvrage sur l'*Art de Terre*, » m'ont coûté tant de travail et de tristesse d'es- » prit, que j'ai cru arriver aux portes du sépul- » cre avant d'avoir pu réussir à rendre mes » émaux fusibles au même degré. J'étais devenu » si maigre, que mes jambes étaient tout d'une » venue, de sorte que les liens avec lesquels j'at- » tachais mes bas de chausse étaient, sitôt que » je marchais, sur mes talons. J'étais méprisé de » tous et le sujet de leurs moqueries : dans ma » maison même, je ne pouvais rien faire qui fût » trouvé bon. Mais, malgré mes ennuis, l'espé- » rance que j'avais me faisait procéder en mon » affaire si virilement, que plusieurs fois, pour » entretenir les personnes qui me venaient voir,

» je faisais des efforts pour rire, bien qu'inté-
» rieurement je fusse très-triste. Et comment
» n'en eût-il pas été ainsi, quand, n'ayant pas de
» quoi couvrir mes fourneaux, je passais toutes
» les nuits à la merci des pluies et des vents,
» sans autre société que celle des chats-huants,
» qui chantaient d'un côté, et celle des chiens,
» qui hurlaient de l'autre. Et cela a duré plu-
» sieurs années. Souvent la tempête me forçait
» à tout quitter : n'ayant rien de sec sur moi, à
» cause des pluies qui étaient tombées, j'allais
» me coucher à minuit ou au point du jour, ac-
» coutré comme un homme qu'on aurait traîné
» par tous les bourbiers de la ville. Rempli de
» grandes tristesses, d'autant qu'après avoir lon-
» guement travaillé, je voyais mon labeur perdu,
» bricollant sans chandelles, tombant tantôt
» d'un côté, tantôt de l'autre, comme un homme
» qui serait ivre de vin, je me retirais souillé et
» trempé, et je trouvais en ma chambre une per-
» sécution pire que la première [1], ce qui me
» fait à présent m'émerveiller que je n'aie pas
» succombé à mon affliction. »

1 Il veut parler ici de sa femme, qui, loin de le consoler et de l'encourager dans ses recherches, l'accablait au contraire de toutes sortes d'injures.

Comment Palissy résista-t-il à tant de tourments? comment, au milieu de tant d'infortunes, supporta-t-il sans murmurer la perte de ses six enfants, qui lui furent tous enlevés les uns après les autres ? — C'est ce qu'il nous sera donné de voir dans le cours de ce récit, en étudiant le côté religieux de ce noble caractère.

IV

La Réforme dans la Saintonge.

Cependant un grand mouvement s'opérait dans l'histoire de l'humanité. La puissante voix de Luther avait ébranlé l'Allemagne et donné le signal de la grande lutte qui devait diviser la chrétienté en deux camps. Déjà de puissants échos commençaient à lui répondre dans les Etats voisins. Zwingle en Suisse, Calvin en France prêchèrent dans le même sens, et essayèrent d'établir un culte plus rapproché de celui de la primitive Eglise, en repoussant sans pitié toutes les innovations, même poétiques, que les siècles suivants avaient successivement introduites dans l'Eglise romaine.

Déjà vers l'an 1546, à l'époque où Bernard vint s'établir dans la Saintonge, quelques moines arrivés d'Allemagne parcoururent le pays, en proclamant, au risque de *mourir de chaud*, comme on disait alors, la doctrine du libre examen.

Palissy fut un des premiers à embrasser avec ardeur les nouvelles croyances. Sa profonde raison lui faisait un devoir de repousser les abus, tandis que son âme poétique et musicale était charmée par la noble simplicité du culte protestant. « En écoutant le chant des psaumes, » dit-il, il me semblait que je me promenais le » long des rideaux d'aulnes et de frênes qui voi- » lent le lit des ruisseaux ; il me semblait en- » core que j'entendais les voix de plusieurs vier- » ges qui gardaient leurs troupeaux, et des pas- » teurs jouant mélodieusement de leurs flûtes. »

Mais ce qui le persuada principalement dans ces circonstances, ce fut la probité et la vertu des premiers hommes qui prêchèrent la religion réformée, et dont les discours et la conduite contrastaient fortement avec la dissolution du bas clergé d'alors.

« Ces vieillards n'avaient point d'épée à leur
» ceinture, dit-il, mais un simple bâton à la main,
» et s'en allaient ainsi seuls et sans crainte, se-
» lon cette parole du Maître : *Vous annoncerez*
» *ma loi, allant, venant, mangeant, buvant,*
» *couchés, levés, assis sur le bord du chemin.* »

Leurs exhortations et leurs exemples transformèrent le pays. Il faudrait lire dans notre auteur comment le luxe fit place à la simplicité et à l'aumône, comment les procès se vidèrent par un arbitrage fraternel, sans qu'il fût nécessaire d'avoir recours aux hommes de loi. Les magistrats eux-mêmes avaient prohibé plusieurs choses mauvaises qui dépendaient de leur ressort : il était défendu aux hôteliers de tenir des jeux ou d'héberger les gens du pays, afin que, de cette manière, chaque père de famille s'habituât à vivre dans sa maison. Les jours de dimanche on rencontrait les compagnons de métier se promenant dans les prairies, chantant, par groupe, des cantiques, et s'instruisant les uns les autres par des lectures pieuses. Les jeunes filles abandonnant la vanité, si naturelle à leur sexe, se rassemblaient aussi par troupe dans les jardins, et leur contenance modeste suffisait pour indiquer le changement radical qui s'était opéré en elles.

Cependant la persécution ne tarda pas à venir fondre sur les religionnaires· Les prédicateurs du culte nouveau, dans les provinces du Midi et de l'Ouest, y furent traqués comme des bêtes fauves, épiés, emprisonnés, traînés sur les routes et conduits dans les villes pour y être jetés au feu des bûchers. Quelles scènes de douleur nous laissent entrevoir ces quelques paroles du pieux artisan, quand il écrivait : « Je me retirai secrètement dans ma maison, pour ne pas voir les meurtres, les reniements, les pillages qui se faisaient dans les villes et dans les campagnes. Pendant deux mois que j'y restai, il me sembla que l'enfer était défoncé, et que tous les démons étaient sortis pour ravager la terre. De ma maison, je voyais les soldats courant par les rues, l'épée nue au poing, criant : Où sont-ils ?..... Les petits enfants eux-mêmes s'assemblaient dans une place que je voyais de la maison où je travaillais de mon métier de terre, et imitaient les blasphèmes, les batailles, les meurtres des hommes. Il me prenait souvent envie d'en faire vengeance; mais je luttais contre ce sentiment et me bornais à réciter en mon cœur le psaume de miséricorde ! »

Imitons Bernard, et jetons un voile sur ces horribles tableaux, sur ces annales de souffrances et de crimes qui ne peuvent malheureusement être effacées de l'histoire, mais sur lesquelles il est à la fois inutile et douloureux de s'arrêter. Nous nous bornerons à dire que la persécution ne tarda pas à l'atteindre lui-même, comme si Dieu eût voulu l'éprouver jusqu'au bout et montrer où peut s'élever, dans la lutte contre l'adversité, une âme fortement trempée, une foi vive dans les promesses du Christ. C'est cette foi qui lui dictait ces belles paroles, dignes d'être offertes en modèle dans l'affliction : « Remarquez, mes » amis, les bontés de notre Dieu ; quand j'ai » souffert à cause de mon art, il m'a consolé » par son Evangile, et quand j'ai été exposé à » souffrir à cause de l'Evangile, c'est de mon » art qu'il s'est servi pour me secourir. »

A cette époque de sa vie, Bernard travaillait pour le connétable de Montmorency : il préparait les belles faïences avec lesquelles on pava la sacristie du château d'Ecouen, et qui représentent des sujets tirés de l'Ecriture-Sainte. Il reproduisait, avec les couleurs brillantes de l'émail, les dessins d'Albert Durer sur la Passion de Notre Seigneur Jésus-Christ, dont il composa seize tableaux réunis dans un seul cadre. Et quand on voulut éclairer les marbres de Michel-Ange et les toiles de Raphaël, comme on aurait vainement cherché en France un homme plus habile dans l'art de la vitrerie, c'est lui qui fut chargé de peindre la série de vitraux où figurent, entre autres sujets, le Banquet des Dieux, la fable de Proserpine et celle de Psyché.

Tandis que cette opulente demeure des rois était illustrée par les travaux de Palissy, elle acquérait une seconde et triste célébrité dans l'histoire, en donnant son nom à l'édit cruel lancé contre ses coreligionnaires, dont la vie fut abandonnée aux juges royaux des lieux, auxquels on accorda en même temps le pouvoir de condamner à mort sans appel.

Henri II n'était point méchant, mais l'esprit de ce prince manquait de lumières et de force; il se laissait entraîner par son entourage. Diane de Poitiers, duchesse de Valentinois, l'excitait aux mesures violentes contre les Réformés; elle assouvissait tout à la fois sa vengeance éveillée par leurs censures, et son avidité en s'emparant de leurs dépouilles. En outre, le cardinal de Lorraine, l'un des hommes les plus pervers qui aient jamais pris part au gouvernement d'un Etat, poussait continuellement aux actes les plus rigoureux. Le Parlement était divisé, et si la Chambre présidée par les Séguier, les de Thou, les Du Harlay inclinait vers les voies de douceur, la Grand'Chambre, au contraire, dirigée par des juges corrompus et vendus aux Guise, ne voulait et n'ordonnait que des supplices.

Il semblait que le génie de Palissy et ses travaux commencés pour le Connétable devaient le mettre à l'abri de toute poursuite : il n'en fut point ainsi, bien que le duc de Montpensier lui eût accordé une sauve-garde, et que le comte de La Rochefoucault eût déclaré que son atelier serait un lieu de franchise. Mais, en temps de révolution, la voix des grands comme celle de l'homme de bien est souvent méconnue, et, contrairement aux ordres du général de l'armée royale en Saintonge, l'atelier du potier fut saccagé, et les prisons de Saintes s'ouvrirent pour lui.

Transféré, pendant la nuit, dans celles de Bordeaux, il aurait été infailliblement conduit au supplice, si de puissants protecteurs n'avaient intercédé en sa faveur. Le seigneur de Burie, le sire de Pons, sa femme Anne de Partenay et Guy de Chabaut, baron de Jarnac, s'employèrent pour le faire mettre en liberté. Mais tout était inutile; lorsque le Connétable, voulant à tout prix épargner cette honte à sa patrie, s'adressa directement à la reine, à qui il présenta un placet. Cette princesse astucieuse prouva, dans cette circonstance, qu'elle gardait encore en son cœur une étincelle du feu sacré qui avait illustré sa famille : elle se laissa toucher par l'infortune de Palissy, sut apprécier son talent, et lui expédia des lettres de privilége avec le brevet d'*inventeur des rustiques figulines du Roi et du Connétable.* Attaché par ce titre à la maison royale, il fut soustrait à la juridiction du parlement de Bordeaux et put ainsi recouvrer sa liberté. Aussi, en conserva-t-il une profonde reconnaissance qu'il exprima plus tard par ces touchantes paroles, en dédiant à Catherine un de ses traités :

« Madame,

» Vous m'avez protégé, vous m'avez sauvé
» de mort. Qu'avais-je fait ? Je pourchassais le
» bien des hommes, le plus grand bien qui leur
» pourrait advenir : aussi, voyant une telle in-
» gratitude, je suis rentré en moi-même, j'ai
» fouillé les secrets de mon cœur, pour savoir
» s'il y avait en moi quelque ingratitude comme
» celle de ceux qui voulaient me livrer à la mort.
» Alors je me souvins du bien que vous m'avez
» fait, et je vous dédie ce livre. Dieu m'a donné

» plusieurs inventions dont je pourrais vous faire » service. Eloigné de vous, retenu par mon in- » digence, je n'ai pu vous les faire entendre. Vous » les trouverez contenues dans ce livre. Elles ten- » dent à multiplier les vertus et les biens de tous » les habitants du royaume, comme elles pour- » ront en particulier servir à l'édification de vo- » tre jardin de Chenonceaux. »

Une ère nouvelle allait s'ouvrir pour Bernard : Paris accueille l'humble potier qui était venu remercier la fille de Médicis, et qui prend enfin la place due à son mérite, en réunissant autour de lui les personnages les plus distingués dans les sciences et les plus nobles par leur naissance.

Arrêtons-nous un moment dans cette période de sa vie, qui fut aussi le point culminant de sa prospérité et de son triomphe, et suivons-le dans la demeure royale, où il va trouver, avec les moyens d'exécuter sans entraves ses travaux de prédilection, des appréciateurs d'un goût éclairé, propres à stimuler encore son ardeur native.

V

Palissy, gouverneur des Tuileries.

Catherine de Médicis gouvernait alors la France : l'héritière de cette famille, qui avait fait de Florence la première ville artistique du monde, ne pouvait tarder à découvrir sous la rude enveloppe de l'artisan, les trésors de science et de génie qu'il avait péniblement amassés. Elle reconnut bientôt, en effet, que personne, mieux que Palissy, n'était capable de diriger les embellissements des jardins et des palais royaux. Elle le nomma *gouverneur des Tuileries*, lui fit donner un logement dans le château, ayant vue du côté de la

Seine, et plus d'une fois la veuve de Henri II sut faire diversion aux soucis de la politique, en venant passer quelques moments dans l'atelier de l'artiste.

Sous ces royales voûtes des Tuileries qui abritaient tant d'hostilité contre les idées nouvelles, Bernard eut la joie de trouver, pour sa foi, des encouragements inattendus. Pénétrons avec lui, les jours de dimanche, dans la chambre de Catherine de Médicis, à l'heure où cette princesse vient d'en sortir pour assister au repas public. Sûres de n'être pas troublées dans cet asile respecté, quelques personnes s'y réunissent sans bruit et célèbrent le culte réformé, sous les auspices de Marguerite, femme de chambre de la reine. On y voit le seigneur de Feuquères, Mme d'Uzès et encore une douzaine d'amis fidèles, au nom desquels Palissy écrivit quelquefois aux Eglises de la Saintonge ces paroles significatives, empruntées à un auteur inspiré : « Les frères qui » sont dans la maison de César vous saluent. »

Ces amitiés précieuses réjouissaient le cœur aimant de l'artiste. Si longtemps incompris, méconnu et froissé dans ses sentiments les plus intimes, il accueillait avec une vive reconnaissance les témoignages de sympathie et d'affection. Son petit appartement, situé dans l'attique du château, était souvent visité par des hommes distingués, tels que le ministre Merlin, aumônier de l'amiral Coligny; Ambroise Paré, le chirurgien de trois royautés successives; Ducerceau, l'architecte de Henri III, qui méditait alors le plan du Pont-Neuf; le mathématicien Jean Viret, et Pierre Sanxay, le poète, dont le nom n'est pas entièrement oublié de nos jours. Ce dernier composa en l'honneur de son ami une longue pièce de vers où, après avoir parlé des cariatides des Grecs, des colonnes d'Hercule, et enfin des sept merveilles du monde, il ajoute, dans son enthousiasme pour les œuvres du potier d'Agen :

Mais cela n'approche point
Des *rustiques figulines*
Que tant et tant bien as peint
Et dextrement imagines.

Quel changement pour Palissy de se trouver dans la demeure des rois, entouré des merveilles de l'art, au milieu de tout le luxe et de tout le confort de la vie! et quelles devaient être ses pensées, lorsqu'elles se reportaient vers ces années malheureuses où, pauvre artisan, il n'avait pas une main compâtissante pour serrer la sienne, pas de toit pour abriter sa tête, pas de pain à donner à ses enfants !

Loin de se laisser amollir par ce brusque revirement de fortune et par la nouvelle existence qu'il allait embrasser, il n'y trouve qu'une ardeur plus vive pour se livrer à ses travaux favoris, s'instruire dans les sciences et communiquer aux autres les connaissances qu'il avait acquises. — Ce fut à cet époque, la plus heureuse de sa vie, qu'il fit ses innombrables chefs-d'œuvre de poterie en relief, ces corbeilles à fruit, ces *salières* [1] et ces plats de toutes formes, conservés précieusement aujourd'hui dans une salle du Louvre qui leur est presque entièrement consacrée.

Les mille fantaisies de sa fertile imagination variaient à l'infini ses compositions rustiques. Tantôt il représente le monde sous-fluvial des eaux et ses habitants aux brillantes écailles, tantôt il imite une verte prairie émaillée de blanches marguerites où viennent butiner de légers papillons. Ici, c'est une mare remplie de grenouilles qui avancent timidement la tête au milieu des joncs, des nénuphars et des larges plantes aquatiques ;

1 On appelle ainsi de grands plats à compartiments destinés à recevoir les condiments.

là, nous admirons une série de coquillages aux volutes cannelées, la couleuvre qui s'enroule sur elle-même, le scarabée aux étuis diaprés, le lézard endormi au soleil ou prêt à s'élancer sur la proie qu'il guète avec patience. Et tout cela arrangé avec un art et un goût qui font de chaque pièce un véritable tableau [1]. D'autres fois, l'artiste abandonne le monde des marécages pour aborder de plus nobles sujets. Il ne recule pas devant les scènes de la Fable, les grands faits de l'Histoire ou les touchants récits de la Bible elle-même. Son talent grandit à mesure qu'il avance dans la vie, l'argile se modèle docilement sous ses doigts et prend à sa volonté les formes et les

1 Pendant que nous travaillions à cette étude, l'Exposition universelle ouvrait ses portes aux produits de l'industrie du monde entier; dans un compte-rendu des travaux céramiques, nous avons lu ce qui suit :

« J'ai examiné des vases exactement semblables à ceux que l'industrie doit à Palissy... Ce qu'il y a de très-remarquable, c'est que les plats sont ornés de coquilles, serpents, coquillages, fougères, identiquement comme les siens. Je ne sais pas même si on ne s'est pas contenté de copier une de ses compositions. Les couleurs n'en sont pas plus vives, rien dans le modelé n'est supérieur. Donc, au XIXe siècle, on ne peut pas surpasser Palissy dans l'industrie, dans l'art qu'il avait créé. Si l'on accorde une médaille au rénovateur de la céramique palissienne, ce sera en réalité à Palissy que la médaille sera accordée, car on ne fait que reproduire ce qu'il avait inventé..... »

couleurs qu'il lui impose. Maître de la partie matérielle de son art, dont il a enfin surmonté toutes les difficultés, il ne s'applique plus qu'à donner un corps à l'idéal qui, aux premiers jours de sa vie, flottait vaguement devant ses regards charmés, à cet idéal qu'il a cherché dans la contemplation de la nature et dont il a complété le sentiment par la vue des chefs-d'œuvre légués à son siècle par François Ier.

Alors ce ne sont plus seulement des reptiles, des fleurs ou des insectes qui animent ses compositions, c'est la déesse de Cythère jouant avec les Amours, le groupe de Persée et d'Andromède, le grand bassin des éléments, l'histoire de la femme adultère et le combat des Centaures et des Lapithes, qu'on doit regarder comme sa pièce capitale [1].

1 Pour avoir une idée complète des travaux de Palissy, il faut visiter non seulement les galeries du Louvre et du Musée de Cluny, mais admirer en détail les salons du prince Soltikof, à Paris; de M. Rothschild, à Londres; de MM. Sauvageot et Rallier, enfin de M. Sellières, au château de Mello. C'est à ce dernier que nous devons la clé des musées de Palissy.

VI

Les cours publics.

Toutefois, ces compositions artistiques et les devoirs de ses nouvelles fonctions ne remplissaient pas entièrement sa vie : il y avait en lui d'autres facultés qui demandaient à s'exercer, d'autres besoins qui voulaient être satisfaits. Après l'art, la science devait avoir son tour. Aussi, dès qu'il peut s'échapper un moment des Tuileries, nous le voyons se diriger, en toute hâte, vers un petit logement qu'il avait loué dans la rue Saint-Jacques et qui lui servait de cabinet d'études. Il y avait rassemblé avec soin toutes sortes d'objets d'histoire naturelle, et était parvenu à former le premier cabinet à la disposition duquel ait présidé une certaine méthode. Il nous apprend lui-même « qu'on y voyait des choses merveilleuses » qui sont mises pour témoignage et preuve de » ses écrits, attachées par ordre et par étages, » avec certains écriteaux par dessus, afin que » chacun se puisse instruire soi-même. »

C'est là qu'il donna rendez-vous à tous les savants de son temps et qu'il enseigna publiquement l'histoire naturelle et la physique, de 1575 à 1584. A cet effet, il fit apposer des affiches dans tous les carrefours de Paris, pour inviter les plus doctes médecins et autres gens lettrés à se réunir chez lui, promettant de leur montrer, en trois leçons, tout ce qu'il avait découvert sur les fontaines, les pierres et les métaux. On lisait aussi dans ses affiches que nul n'entrerait s'il ne baillait un écu. « J'ai exigé cela, disait-il, pour » voir si, par le moyen de mes auditeurs, je » pourrais tirer quelque contradiction qui ait plus » d'assurance de vérité que non pas les preuves » que je sais mettre en avant. Je savais bien qu'il » y en aurait de grecs et de latins, et que s'ils » m'eussent trouvé menteur, ils m'auraient bien » rembarré et résisté en face, à cause de l'écu

» que j'avais pris de chacun; car j'avais mis dans
» mes affiches que si les choses que j'avançais
» n'étaient pas véritables, je leur rendrais le qua-
» druple. »

Ce fut dans le carême de 1575 qu'il fit cette démonstration publique d'histoire naturelle, en présence de tout ce qu'il y avait de plus distingué à Paris dans les sciences et dans les lettres. L'exorde par lequel il ouvrit son cours dépeint trop bien notre modeste professeur pour le passer sous silence :

» Mes bons maîtres, vous le savez, sans qu'il
» soit besoin que je vous le dise, je ne suis ni
» Grec, ni Hébreux, ni poète, ni rhétoricien,
» mais un simple artisan bien pauvrement in-
» struit dans les lettres. Sans doute j'eusse été fort
» aise d'entendre le latin et de lire les livres des
» philosophes, pour apprendre des uns et pour
» pouvoir contredire les autres. Cependant, j'ai-
» me mieux dire vérité en mon langage rusti-
» que, que mensonge en un langage rhétorique.
» Souvenez-vous d'un passage qui est en l'Ecri-
» ture-Sainte, où saint Paul dit : « *Que chacun,*
» *selon qu'il aura reçu des dons, en distribue*
» *aux autres.* » Quelques-uns, il est vrai, ne
» voudraient jamais entendre parler des Ecri-

» tures-Saintes : mais moi, je n'ai trouvé rien » meilleur que de suivre le conseil de Dieu, ses » édits, statuts et ordonnances; et en regardant » quel était son vouloir, j'ai vu que par son Tes- » tament dernier, il a commandé à ses héritiers » qu'ils eussent à manger le pain au labeur de » leur corps et à multiplier les talents qu'il leur » avait donnés. Quoi considéré, je n'ai pas voulu » cacher en terre les dons qu'il lui a plu de m'ac- » corder.

» Les sciences se manifestent à ceux qui les » cherchent. Je n'ai pas eu d'autres livres que le » ciel et la terre: il est donné à tous de pouvoir » lire dans ces beaux livres-là. Ils valent mieux, » je pense, que ceux des disciples de Paracelse » et des autres alchimistes, en l'étude desquels » plusieurs ont perdu leur temps et leurs biens. » Ces livres pernicieux m'ont fait, pendant qua- » rante ans, gratter la terre et fouiller dans ses » entrailles, afin de découvrir ce qu'elle produit » en son sein [1]. Mais enfin, j'ai trouvé grâce de- » vant Dieu, qui m'a fait connaître des secrets » inconnus jusqu'à ce jour aux hommes, voire » aux plus doctes. — Je le répète, je ne suis qu'un

[1] C'est sans doute sur ces paroles que Voltaire s'est basé pour dire que Palissy crut avoir trouvé la pierre philosophale.

» pauvre artisan; mais si, parce que je suis des-
» titué de la langue latine, quelques personnes
» me trouvent téméraire de m'élever contre l'opi-
» nion des anciens, j'en appellerai aux mer-
» veilles que j'ai tirées de la matrice de la terre
» et qui rendent témoignage de ce que je dis.
» Pauvres gens, imbus de préjugés, qui jurez
» par les anciens que vous respectez sur parole,
» et qui croyez ce qu'ils ont avancé, sans exa-
» men de votre part, vous n'y regardez pas de
» près, et vous oubliez que vous ne sauriez pas
» faire un soulier, non pas même un talon de
» chausse, quand vous auriez toutes les théori-
» ques du monde! »

Alors Palissy voyant son auditoire attentif à sa parole, commence à développer son système relativement aux causes qui ont entraîné une si grande quantité de corps marins sur la partie sèche du globe et même sur les plus hautes montagnes: il prouve, ce que personne n'avait avancé avant lui, que les *faluns* n'étaient point un jeu de la nature, mais de véritables coquilles déposées autrefois par la mer dans les lieux où elles se trouvent aujourd'hui, et que des animaux, et surtout des poissons, avaient donné aux pierres figurées toutes leurs différentes formes. C'est en cela que Cuvier considère Palissy comme ayant détrôné les erreurs accréditées dans le domaine de la science, et fait le premier pas dans les voies de la géologie moderne, lorsqu'il a cherché à découvrir « comment s'étaient superposées » ces immenses croûtes qui constituent les parties » solides du continent, et d'où provenait cette » quantité immense de corps organiques, et sur- » tout ces milliers de coquilles qui existent dans » quelques parties superficielles du globe[1]. »

Puis il expose, en grand physicien, ses observations aussi neuves que judicieuses sur l'origine des glaces flottantes et sur la congélation des eaux courantes, question qui n'est point encore aujourd'hui complètement résolue. Il met à néant l'opinion reçue alors, que la « froidure vient » de dessous la terre, » et démontre, au contraire, avec autant de bon sens que de force, qu'elle vient de l'air, et qu'ainsi « les eaux ne se gèlent pas au fond, mais par le dessus. »

Tantôt il promène ses auditeurs sur les plages abandonnées par la mer, tantôt il les transporte dans les forêts des Ardennes pour étudier les diverses transformations du globe terrestre; il ex-

1 G. Cuvier, *Histoire des Sciences naturelles*, tom. II, p. 231.

pose la théorie des puits artésiens qui déjà s'était fait jour dans son esprit ; il explique la manière dont les marcassites se sont formées ; les sables, les grès l'occupent ensuite, et il revient aux pierres pour tâcher de découvrir la cause de la variété et des nuances de leurs couleurs, qu'il attribue avec raison aux différents sucs métalliques qui les ont pénétrées. Enfin, il détruit certaines idées fausses à leur égard, quand il jette ces mots si simples et de si grande portée : « Les pierres ne » croissent point ; elles n'ont point d'âme végé» tative, mais elles peuvent augmenter d'une » manière congélative, comme de la cire fondue » que l'on jetterait sur une masse de cire déjà » congelée. »

Une autre opinion généralement acceptée en ce temps-là, était que les sources venaient d'une évaporation souterraine. Palissy combat cette erreur en prouvant qu'elles étaient le produit des nuages, *héraults et messagers de Dieu.* Et quand il explique la théorie des tremblements de terre, savez-vous dans quel livre des philosophes il a appris ces beaux secrets ? — C'est dans un chaudron à demi-plein d'une eau qui se soulevait jusques par dessus le bord du vase, lorsqu'elle était un peu âprement poussée par la chaleur du fond.

Toutes ces théories que nous considérons aujourd'hui comme des vérités élémentaires, étaient des innovations hardies qui entraînèrent une véritable révolution intellectuelle à cette époque obscure où la renaissance sortait à peine des langes du moyen-âge.

Palissy nous a laissé les principales idées qu'il émit pendant ce cours mémorable, où il ne trouva pas un seul contradicteur, dans un traité qu'il intitule : *Des Pierres*, et qui est écrit, comme presque tous ses autres ouvrages, sous forme de dialogues entre deux interlocuteurs, *Théorique et Pratique*. Il est inutile de dire, d'après tout ce que nous avons vu, que *Pratique* a toujours raison, qu'elle démolit peu à peu tous les beaux arguments de sa rivale routinière et entêtée, que c'est, en un mot, par sa bouche que se font jour toutes les idées du philosophe.

VII

La Saint-Barthélemy.

Mais pendant que celui-ci était absorbé dans son petit laboratoire de la rue Saint-Jacques, cherchant les secrets de la nature ou rangeant avec méthode sa précieuse collection de minéraux, un drame aussi sombre que terrible se préparait dans le conseil de Charles IX : la Saint-Barthélemy venait d'être décidée, et les glaives s'aiguisaient dans l'ombre pour imprimer à l'histoire de la royauté cette tâche ineffaçable de sang.

Comment maître Bernard échappa-t-il aux massacres? — Nul ne le sait avec certitude. La famille du Connétable protégea-t-elle son artiste préféré? Catherine fit-elle cacher le gouverneur deson palais dans une partie retirée des Tuileries, et sa haine contre les Huguenots s'arrêta-t-elle devant l'auréole du génie ? Voulut-elle, en conservant à la France Ambroise Paré et Bernard Palissy, se faire absoudre du meurtre de Jean Goujon, qui fut atteint d'un coup d'arquebuse, sur l'échafaudage où il travaillait encore à la façade du Louvre, ou bien la Providence seule étendit-elle sa protection sur le chrétien sincère, destiné à honorer Dieu par une longue vie de vertu? — Nous n'avons trouvé dans les ouvrages de Bernard, ni dans les historiens de cette époque, aucune note pour fixer nos conjectures sur ce point. Le singulier silence que Palissy garde, à cet égard, nous conduirait même à penser qu'il y eut, dans sa délivrance, quelque chose de mystérieux dont il s'était engagé à ne pas révéler le secret. Car lorsqu'il échappa aux prisons de la ville de Bordeaux, sa reconnaissance s'exprima de la manière la plus vive dans trois épîtres adressées à ses protecteurs, tandis qu'à la Saint-Barthélemy, miraculeusement soustrait à un danger bien plus grand, il se renferme dans une discrétion aussi complète qu'inexplicable. Toujours est-il qu'il ne fut point compté au nombre des victimes de cette horrible nuit, puisque nous le retrouvons encore plus tard occupé à ses études de prédilection.

Encouragé par le succès de ses premières leçons publiques, il continua ses cours pendant neuf ou dix ans, et publia son dernier ouvrage en 1580, à l'âge de 81 ans. Ce traité, l'un des plus intéressants et qui est intitulé : *Des Eaux et Fontaines*, a pour but d'enseigner une méthode ingénieuse et nouvelle pour construire des fontaines artificielles. Après avoir analysé les différentes qualités des eaux, celles des puits, des mares, des citernes, des sources, il conclut que ces dernières sont les plus agréables, les plus naturelles et les plus saines. Cette analyse le conduit à l'examen des diverses méthodes suivies, dans tous les temps connus, pour conduire l'eau d'un lieu à un autre ; il balance les inconvénients ou les avantages de chacune d'elles, et finit par donner la préférence aux aquéducs, toutes les fois qu'il s'agit d'amener des eaux à de grandes distances. On comprend que Palissy ne pouvait parler de ces derniers sans faire une longue digression sur les ouvrages des Romains ; il cite, en première ligne, le Pont du Gard qu'il décrit avec soin, et conclut que Nimes était une

ville « en laquelle les empereurs romains avaient
» fait de grandes et superbes dépenses d'embel-
» lissements ; qu'ils y avaient employé des gens
» de savoir, des plus grands qui fussent dans
» tout l'empire, comme les monuments en font
» encore foi. »

D'après cela, il y a lieu de croire que si Palissy fût venu au monde trois siècles plus tard, il eût partagé, sur les moyens d'amener les eaux dans notre ville, l'opinion que notre savant et patient confrère [1] a tant de peine à faire pénétrer dans les conseils des édiles nimois.

1 M. Jules Teissier.

VIII

Le Roi et le Chrétien.

Jusqu'à présent, nous avons montré, dans Palissy, l'artiste éminent, le savant profond, l'écrivain distingué ; il nous reste, pour compléter sa biographie, à étudier le chrétien. Car, si c'est quelque chose d'arriver à la fortune, s'il est beau de faire une découverte industrielle, s'il est grand de jeter dans la science de nouvelles lumières, c'est infiniment plus que tout cela de parvenir à s'élever soi-même, et à fortifier son âme jusqu'à la rendre invulnérable à tous les coups du sort. — Comment parvint-il à cette grandeur morale, à cette force de caractère dont tant d'illustres génies furent dépourvus ? — C'est en se pénétrant des vérités de la religion, à laquelle furent soumis tous les actes de sa vie.

Déjà nous avons vu qu'il avait été l'un des premiers de sa contrée à embrasser les réformes réclamées par les disciples de Calvin. Il était jeune encore ; son âme, peu attentive jusque-là aux dogmes de la religion, mais débordante d'amour et de poésie, s'ouvrit bientôt tout entière à l'influence de l'Evangile. Du moment qu'il en eut bien compris toutes les vérités, il s'efforça de mettre en pratique l'enseignement de la sainte doctrine, et sa vie entière fut employée à rendre témoignage de sa foi : ses actions, comme ses écrits, étaient dictées par le sentiment de ses devoirs, et, dans tout ce qu'il faisait, il agissait en vue de Dieu. S'il n'a pas été ministre du saint Evangile, ainsi que le donnerait à entendre Agrippa d'Aubigné, il se nourrissait de la lecture assidue de la Bible, et quand la persécution, devenue trop violente, eut dispersé ou emprisonné les pasteurs, Bernard les suppléa quelquefois dans leur pieux ministère, en accueillant chez lui les personnes qui désiraient profiter des secours de sa piété et de sa connaissance des Ecritures.

Au milieu de ces temps difficiles, semés de luttes et de guerres sans presque aucune intermittence, il demeura toujours ferme et inébranlable dans ses croyances religieuses, et donna à tous ses contemporains le spectacle d'une vie aussi pure qu'utile à son pays, d'une vie qui ne devait trouver sa récompense que dans un monde meilleur.

Certes, après être sorti victorieux des tribulations de tout genre qu'il avait éprouvées pendant ses innombrables expériences sur les émaux, après avoir échappé aux prisons de Saintes et de Bordeaux, assisté à la dévastation de son atelier; après avoir survécu à la terrible nuit du 24 août 1572, il semblerait que sa part de misères eût été assez grande, et que la perversité des méchants eût dû se lasser de le poursuivre.

Il n'en fut point ainsi.

Cet homme, honoré par les faveurs de Catherine de Médicis, du connétable de Montmorency, de tous les grands du royaume qui étaient venus suivre ses leçons, comblé des honneurs de la popularité, estimé de tout le monde savant pour la force et l'originalité de ses spéculations sur les deux éléments qu'il avait tant expérimentés, la terre et le feu; devenu, en un mot, dans sa

5

vieillesse, un des noms illustres de la France, cet homme, disons-nous, n'était pas destiné à s'éteindre paisiblement dans sa demeure.

Comme Archimède, qui fut tué en cherchant un problème, Bernard Palissy tenait encore la plume pour écrire son dernier traité, lorsqu'il entendit résonner à sa porte les arquebuses des ligueurs. Dénoncé par Mathieu de Launay, l'un des Seize, l'illustre octogénaire se vit arraché à ses travaux et traîné dans les prisons de la Bastille, prélude inévitable du *spectacle public*, comme on appelait alors le gibet... Mais, hâtons-nous de le dire, cette dernière honte fut épargnée à la mémoire d'un roi aussi faible que dissolu, et la mort vint chercher le vieillard avant que se fût accompli le dernier épisode de la vie du martyr.

Jetons encore un coup d'œil sur le tableau de ces dernières années de sa vie, et admirons le calme de ce vieillard, qui passe en prières les longues heures de sa détention, et s'occupe, dans l'isolement de cette sombre retraite, à revoir ses manuscrits, à tracer les dernières pages de ce trésor d'expérience pratique et de sagesse pieuse qu'il lègue à ses successeurs.

Parmi ses nombreux compagnons d'infortune,

il s'en trouvait deux que Bernard entourait surtout du plus tendre intérêt et avec lesquels il aimait à chanter le beau psaume de l'espérance :

Tu fus toujours, Seigneur, notre retraite,
Notre secours, notre sûre défense.....

C'étaient les filles de Jacques Foucaut, président au parlement, que l'on avait enfermées à la Bastille, sur la dénonciation de leur vigneron, qui les avait accusées d'hérésie, trouvant ainsi plus commode de s'acquitter de ce qu'il leur devait. Pauvres victimes auxquelles un roi libertin osa offrir le déshonneur en échange de la vie, et qui n'hésitèrent pas à répondre au comte de Maulevrier, chargé de leur transmettre l'infamante proposition, qu'elles sauraient être martyres de leur honneur comme de celui de Dieu. Tant de vertu et de jeunesse ne purent trouver grâce devant leurs bourreaux, et elles furent brûlées vives le 28 juin 1588.

Ce fut pour Bernard une séparation cruelle : il les soutint jusqu'au dernier moment, et quand les deux jeunes femmes, conduites au bûcher, se retournèrent pour écouter encore les cantiques de leurs compagnons de captivité, elles virent sortir des barreaux de la prison deux mains ri-

dées qui leur envoyaient une dernière bénédiction. Ce supplice ne fit qu'enflammer davantage le zèle des nouveaux convertis. Aussi, quand la nouvelle en parvint au camp du roi de Navarre, Duplessy-Mornay s'écria-t-il : « Courage,
» Sire, puisque encore entre nous il se trouve
» jusqu'à des filles qui ont la vertu de souffrir
» pour l'Evangile ! »

D'Aubigné nous apprend qu'Henri III voulut voir Palissy dans sa prison. Le vieillard était agenouillé et en prières : il se rassit au bruit des verroux qui venaient interrompre sa méditation, et sa surprise fut grande quand il reconnut le roi. Depuis treize ans, ce dernier n'avait pas vu l'ancien gouverneur de son palais ; il fut frappé de sa belle tête, à laquelle le malheur donnait une expression plus noble encore que de coutume. « Mon bonhomme, lui dit-il avant
» que Palissy eût eu le temps de se lever, il y
» a bien des années que vous êtes au service
» de ma mère et de moi; nous avons enduré que
» vous ayez vécu en votre religion parmi les feux
» et les massacres. Maintenant, je suis tellement
» pressé par ceux des Guise et par mon peuple,
» que je me vois *contraint* de vous livrer entre
» les mains de mes ennemis, et que vous serez
» brûlé si vous ne vous convertissez. »

Palissy, à ces mots, s'inclina, attendri par la bonté du roi; puis, faisant un effort pour se relever, et son visage s'animant d'une expression céleste : « Sire, dit-il avec le sourire de mépris » que donne un grand courage, j'étais bien prêt » à sacrifier ma vie pour la gloire de Dieu ; mais » si j'avais eu quelque regret, il serait éteint en » ayant entendu prononcer à mon grand roi ces » mots : *Je suis contraint !* C'est ce que vous, » Sire, et tous ceux qui vous contraignent, ne » pourrez jamais sur moi, qui ai part au royaume » des cieux; car JE SÇAIS MOURIR ! » Sublimes paroles, les dernières que nous ayons à recueillir de la bouche du noble artisan, et qui rappellent ce passage de Sénèque : *Qui mori scit, cogi nescit.*

IX

La mort du martyr.

Pendant ces années de captivité, que se passait-il au dehors, dans cette malheureuse France déchirée par les factions, désolée par la guerre civile? — Le parti catholique ligué, constitué et dirigé par les Guise, commençait à se méfier de la faiblesse du roi. L'ambitieux duc, chef de la famille, comptant trouver dans les malheurs publics un moyen d'augmenter encore la gloire de sa maison, et qui sait, peut-être d'arriver lui-même jusqu'au trône, conspirait avec l'Espagne contre sa patrie, et soulevait les colères populaires qui éclatent enfin dans les sanglantes journées *des Barricades.* Le roi, averti des projets qui se tramaient contre lui, est forcé de quitter furtivement son palais : il s'évade, se retire secrètement à Blois, suivi d'une partie de sa cour. Paris reste livré à l'anarchie la plus profonde et à la toute puissance du prince lorrain, qui se laisse porter en triomphe dans les rues de la cité, plus roi de France que Henri III lui-même, et qui profite de son éphémère pouvoir pour faire exécuter dans toutes leurs rigueurs les édits contre les Protestants. Les prisons regorgent de victimes, le commerce est anéanti, la misère arrive à son comble, la désorganisation pénètre dans toutes les classes de la société, la terreur s'empare des esprits, partout on hésite entre le souverain légitime et son ambitieux rival. Henri III, effrayé du sort qui lui est préparé, prend alors une résolution subite et désespérée : il convoque les Etats-Généraux à Blois, et là, dans une salle de son château, il fait assassiner le duc Henri et son frère le cardinal qu'il y avait attirés par de faux semblants d'amitié.

Ces meurtres perdirent Henri III; Rome lança contre lui les foudres de l'excommunication. Le sang des Lorrains lâchement répandu fortifia la ligue, et quand le roi veut reconquérir sa capitale par la force des armes, le poignard d'un moine fanatique vient le frapper, et il meurt à Saint-Cloud, le 2 août 1589.

Cet événement précéda de peu de jours la fin de Palissy, et la victime ne devait pas longtemps survivre à ses persécuteurs. Transféré des prisons de la Bastille dans celles du Petit-Châtelet, il fut souvent à la veille d'être conduit au supplice, et toujours on le trouva prêt à marcher à la mort avec un front serein et une conscience tranquille. Mais le duc de Mayenne, qui présidait le *Conseil des Seize*, tant par pitié pour le vieillard que pour relever la réputation de son propre nom, qui avait souffert de la condamnation des filles Foucaut, à laquelle son frère *le Balafré* ne s'était point opposé, fit traîner le procès en longueur.

Un jour, le marquis de Saligny, qu'on avait souvent remarqué parmi les auditeurs les plus attentifs du cours de la rue Saint-Jacques et qui, depuis lors, s'était attaché au parti du cardinal de Bourbon, se trouvant à Paris avec ses hommes d'armes, désira connaître le sort de son ancien professeur : il alla s'informer de lui près de Bussy-Leclerc, alors gouverneur de la Bastille. Celui-ci demanda au clerc de la geôle s'il y avait un détenu de ce nom parmi les nombreux prisonniers dont la garde lui était confiée; et le clerc, après avoir feuilleté son registre, lui répondit très-catégoriquement que le vieux Bernard, premier inventeur des poteries excellentes, était mort depuis deux jours, à l'âge de 90 ans. Ce fut là sa seule oraison funèbre.

X

Conclusion.

Telle fut la vie de Bernard Palissy, vie complète et remplie, vie simple et féconde, qui nous pénétrait d'une admiration plus vive à mesure que nous en étudiions les phases variées. Tout se réunit, en effet, pour faire de l'ignorant enfant agenais un type extraordinaire dont nous trouvons peu d'autres exemples aussi achevés. Il joint la force d'âme à la douceur de caractère : une constance inébranlable, une calme intrépidité devant le danger, à la soumission la plus entière aux décrets de la Providence; il sait allier aux patientes recherches, aux expériences les plus compliquées, l'initiative du génie et la virilité d'un esprit sagace et pénétrant. C'est le modèle le plus complet que nous puissions offrir aux artisans de toutes les professions.

Et, en effet, dans quelle vie trouverions-nous une réunion semblable de toutes les qualités qu'il eut en partage. Tel peut l'égaler en persévérance qui ne possède pas son instinct et son rare bon sens. Tel qui aurait autant de savoir, manque de cette inflexible volonté qui finit par triompher de tous les obstacles. Tel autre, enfin, lègue à la postérité des découvertes aussi utiles, mais ne laisse pas comme lui les enseignements d'une vie pure et le noble exemple du martyr. Il faut bien le reconnaître, on ne trouve pas seulement en Palissy un ouvrier, un philosophe, un inventeur, il y a en lui plus et mieux que tout cela, il y a un homme complet, un grand caractère trempé comme le pur acier dans une lutte incessante contre les individus et les événements; il y a surtout un vrai croyant, sincère, fervent, dévoué, conséquent avec ses principes, incapable de transiger avec ce qu'il regardait comme un mal, et prêt à sacrifier sa vie sans regret, en témoignage de sa foi.

Est-ce à dire qu'aucun reproche ne puisse lui être adressé ? Non, certes, notre admiration pour cette noble vie ne va point jusqu'à la partialité, et ne nous aveugle pas sur les imperfections qui pourraient, aux yeux de plus sévères, en obscurcir l'éclat. Ainsi, nous nous sommes demandé s'il n'était pas bien téméraire à un père de famille de négliger une femme et six enfants pour courir après des découvertes qui, en fin de compte, pouvaient n'aboutir à aucun résultat satisfaisant. Les dialogues entre *Théorique* et *Pratique* ont-ils toujours été impartiaux, c'est-à-dire, l'auteur n'a-t-il pas fait la partie trop belle à la principale interlocutrice en affaiblissant les arguments de sa rivale pour en rendre la réfutation plus aisée ? A-t-il toujours bien défendu la vérité scientifique et n'est-il pas tombé, au contraire, dans certaines erreurs, reconnues plus tard, quand la physique a fait de nouveaux progrès ? Cette grande âme a-t-elle donné toute sa mesure, et le but poursuivi n'était-il pas indigne d'un pareil trésor de force morale ? Ne peut-on regretter aussi que, par des motifs peu en rapport avec son génie, Palissy ait longtemps cru devoir céler ses découvertes sur les émaux ?....

A ces critiques, nous pourrions certainement

en joindre quelques autres, car la perfection n'a jamais été le partage de l'humanité; mais peu d'hommes, croyons-nous, ont offert l'exemple d'une aussi noble vie; les taches qui apparaissent dans cette auréole de gloire, pourraient être comparées à un défaut de dessin dans un tableau de Raphaël : si elles se font remarquer, c'est que l'entourage est trop parfait. Au reste, ces fautes elles-mêmes disparaîtront en grande partie, si nous tenons compte de l'époque où vivait Palissy et des nombreux préjugés qui enveloppaient l'esprit de ses contemporains.

Quant à son style, on aura vu, par les quelques citations que nous avons faites, combien il était coloré, vif, énergique. Un grand écrivain[1], certes bien compétent en pareille matière, dit qu'il n'en connaît point en français de plus biblique et de plus moderne à la fois : « Il est im-
» possible, ajoute-t-il, qu'après avoir lu ces pages,
» véritables trésors de sagesse humaine, de piété
» divine, de génie éminent, de naïveté, de force
» et de couleur de style, de ne pas proclamer ce
» pauvre ouvrier d'argile, un des plus grands
» écrivains de la langue française. Montaigne ne
» le dépasse pas en liberté, J.-J. Rousseau en

1 Lamartine.

» sève, Lafontaine en grace, Bossuet en énergie
» lyrique. Il rêve, il médite, il pleure, il décrit
» et il chante comme eux. »

Que pourrions-nous ajouter après un tel éloge, sinon que le chrétien a toujours été au niveau de l'écrivain?

Dans notre siècle d'incrédulité et de positivisme, il nous a semblé qu'il pouvait être salutaire de se placer un moment en présence d'une de ces puissantes individualités qui tiennent haut et ferme la bannière du beau et du bien. On se laisse aller si doucement à la dérive, on se laisse vivre si facilement, on est si habitué au bien-être et à la liberté, qu'on perd ainsi la faculté de comprendre ces vies orageuses qui s'écoulent tout entières dans une lutte énergique, et sont dominées, comme traversées d'un bout à l'autre par un principe élevé qui les épure en les ennoblissant.

S'il est assez commun de rencontrer parmi les hommes l'héroïsme par lequel on apprend à mépriser le danger, à s'imposer un grand sacrifice dans un moment d'exaltation, à braver le feu de l'ennemi au milieu de l'entraînement des batailles, il est plus rare de posséder ce calme courage qui résiste aux attaques sans cesse répétées, supporte sans plaintes les longues tortures de la prison, voit sans pâlir les vides faits chaque jour dans les rangs de ceux qu'il affectionne le plus, résiste à la menace continuelle du dernier supplice....Certes, voilà la véritable grandeur d'âme! Quand un seul mot pourrait vous rendre à la liberté, à la lumière du jour, aux honneurs, à la vie enfin, savoir se taire, savoir refuser toute concession que la conscience condamne, répondre aux sollicitations d'un roi : SIRE, JE SÇAIS MOURIR! c'est être vraiment digne d'admiration, c'est laisser un noble exemple de son passage sur la terre, c'est mériter que les générations futures vous placent au rang de leurs grands hommes et vous gardent un impérissable souvenir.

FIN.

TABLE.

PREMIÈRE PARTIE.

DEUXIÈME PARTIE.

A LA LIBRAIRIE DE B.-R. GARVE,

Boulevart de la Comédie, 7,

A NIMES,

ONT PARU LES OUVRAGES SUIVANTS :

Histoire littéraire de Nimes et des localités voisines qui forment actuellement le département du Gard ; par Michel Nicolas. 3 vol. in-12. 8 fr.

Il est en France peu de contrées qui puissent se glorifier d'avoir vu cultiver les lettres, les sciences et les arts pendant un laps de temps aussi long et par un si grand nombre de leurs habitants, que les diverses localités qui composent aujourd'hui le département du Gard. Nimes a eu, sous la domination romaine, des écoles assez florissantes pour former quelques-uns des hommes qui ont joué un rôle important à cette époque. Au moyen-âge, elle a produit des troubadours, des théologiens, des juristes, des médecins, dont les noms ont passé à la postérité. Au moment de la renaissance des lettres, elle a pris une part active au mouvement général, et elle a contribué à la restauration des littératures grecque et latine. Depuis cette époque, elle a donné à la France des écrivains distingués, tandis que dans son sein des talents plus modestes entretenaient parmi ses enfants le goût des arts, des lettres et des sciences. C'est à rappeler ce qu'ont écrit ces hommes et à raconter comment ils ont vécu, que cet ouvrage est destiné. L'auteur a suivi l'ordre chronologique. Il ne comprend dans son cadre que les écrivains *nés* dans quelqu'une des localités qui forment aujourd'hui le département du Gard, laissant de côté tous les hommes plus ou moins célèbres qui ont pu *habiter* le pays. Toutefois, il s'arrête devant les hommes encore vivants, pour lesquels la postérité n'a pas encore commencé. Son cadre est encore considérable, car il parle de près de trois cents auteurs. Dans l'introduction dont il fait précéder son ouvrage, l'auteur jette un coup d'œil sur les efforts faits dans le pays, à partir de l'époque où Nimes devint colonie romaine (27 ans avant l'ère chrétienne), pour favoriser les études, sur les écoles publiques et sur les établissements qui ont été créés dans ce but. Tel est cet ouvrage dont les journaux ont honorablement fait mention.

Nimes, imprimerie Baldy et Roger,
vis-à-vis l'entrée des Arènes.

www.ingramcontent.com/pod-product-compliance
Ingram Content Group UK Ltd.
Pitfield, Milton Keynes, MK11 3LW, UK
UKHW021102260726
13994UKWH00002B/664